The Direction of Dharma Drum Mountain: Vision

法鼓山的方向

理念

聖嚴法師 著

編者序

實踐人間淨土的指南

佛陀在世時，弟子以佛為師，佛陀涅槃後，弟子以戒為師，佛教因此得以續佛慧命，聖教不衰。而在法鼓山創辦人聖嚴法師圓寂後，法鼓山應如何繼續擊響法鼓、普傳法音呢？

聖嚴法師曾說：「虛空有盡，我願無窮。我今生做不完的事，願在未來的無量生中繼續推動，我個人無法完成的事，勸請大家來共同推動。」《法鼓山的方向》不但凝聚聖嚴法師的悲願，更是四眾弟子修學佛道的道路，依著護持法鼓山的共願，齊心建設人間淨土。

法鼓山的由來與方向

《法鼓山的方向》原為一本結緣小手冊，出版於一九九五年，可說是當時聖嚴法師帶領法鼓山教團重點性、原則性的指示方向。如同聖嚴法師在〈自序〉所說：「這冊小書，為我們說明了法鼓山的由來及其行事的原則方向。」在聖嚴法師領眾篳路藍縷創建法鼓山後，四眾弟子便依此方向耕耘人間淨土。

「法鼓山」一名，始於一九八九年購得臺北金山的土地，由聖嚴法師將此命名為法鼓山開始。法鼓山不只是一個新建築的地名，隨著籌建過程而有了僧團、護法會、基金會，以及各會團組織的發展，逐漸形成法鼓山教團，讓「法鼓山」成為社會大眾耳熟能詳的佛教團體名稱。

法鼓山是以教育工作來完成關懷的任務，又以關懷工作達成教育的目的。因此，法鼓山為信眾、義工等單位舉辦各類教育成長課程、共修活動、讀書會活動、研習營等，皆是用佛法來做自利利人的服務，彼此支持、共同成長。只要聖嚴法師在臺灣期間，不論法務如何繁重，總是撥冗給予大眾精神勉勵，而後整理成文刊登於《法鼓》雜誌，並結集為《法鼓山的方向》書稿。讓聖嚴法師對四眾弟子身、口、意行為的殷殷叮嚀，法鼓山道風、發展方向的提點等，能以文字般若醍醐灌頂。

推動法鼓山理念的具體手冊

從一九八九年，法鼓山的創立，到二〇〇九年，聖嚴法師捨報為止，二十年之間，法師對法鼓山、弟子們的殷殷叮囑的智慧法語，猶如無盡的智慧寶藏。因此，《法鼓全集》新編小組於編輯舊版《法鼓山的方向》時，召集人果毅法師即提出，應將創辦人所有對體系成員的開示、致詞等新收文稿，整編為數冊，完整收錄創辦人對法鼓山團體的理念、創建，以及指導方針、方法。期望《法鼓山的方向》能成為四眾弟子修學佛法、護持佛法、弘揚佛法的依歸，全方位理解創辦人的理念、願心，認識法鼓山歷史與團體，實踐人間淨土的願景，並清楚法鼓山未來發展的方向。

為此，《法鼓全集》新編小組重新整編《法鼓山的方向》全部文稿，由果毅法師訂定出六冊的六大主題：理念、創建、弘化、關懷、護法鼓手、萬行菩薩。總書名定為《法鼓山的方向》，即是呈現聖嚴法師對於法鼓山發展的定位、方向。

第一冊　法鼓山的方向：理念

收錄聖嚴法師重要的法鼓山核心思想，介紹法鼓山的理念、共識、使命與願景。〈四眾佛子共勉語〉、法鼓山的共識、法鼓山的使命、心五四運動、法鼓山的四大堅持，皆是四眾弟子應牢記於心的共同理念，皆是凝聚法鼓山願心的方向。

第二冊　法鼓山的方向：創建

介紹法鼓山的創建緣起與歷程，解說法鼓山的參學與導覽，以及教育興學、分支道場。了解法鼓山的開山因緣、教育志向，以及開枝散葉的願力，更能珍惜與護持正信佛教，確信法鼓山的方向，即是此生堅信不疑的學佛道路。

第三冊　法鼓山的方向：弘化

收錄聖嚴法師在各地弘化的演講和開示，以及各年主題年的祝福與期許。主題年的勉勵法語，也成為法鼓山安定社會的一股力量。無論是法會、活動，或是文化、出版，聖嚴法師無遠弗屆的慈悲與前瞻洞見，都能啟發人們的菩提心。

第四冊　法鼓山的方向：關懷

收錄聖嚴法師的生活佛法整體關懷，包括佛化家庭、樂齡長青、臨終關懷、社會關懷，讓人們能以佛法安心、安身、安家、安業，以法鼓山的方向為人生的方向，心安就有平安。

第五冊　法鼓山的方向：護法鼓手

聖嚴法師一生「盡形壽，獻生命」，由每年的各地關懷行、成長活動，對護法會勸募系統開示，以及對僧團的期許，即能感同身受。盡心盡力為鼓手的核心精神，關懷別人、成長自己，此為推動人間淨土的重要力量。

第六冊　法鼓山的方向：萬行菩薩

收錄聖嚴法師對於各會團義工、專職人員的開示，從如何當好義工，應有的心態、身儀、口儀等，都有詳盡解說與提醒，以幫助大家成就六度萬行，成為身心莊嚴、廣種福田的人間菩薩。

每本書的策畫都是為了法鼓山的方向，都能提醒回歸創辦人為弟子們所立下的理念、精神、方針、方法。本套書以「理念」為首冊，即是因為只要偏離理念，即非法鼓山的方向，即非正信的佛教。法鼓山的方向，就是法鼓山的修行道路，就是建設人間淨土的菩薩道。

《法鼓山的方向》是聖嚴法師一生悲願之所在，是他從「願將佛法的好，與人分享」的初發心，逐步踏實的點滴成果。過程中，因有眾人的同行，得以成就法鼓山的這方淨土。因此，這套書更是他願心與願行的成就，是他帶領四眾弟子共同創建法鼓山的實際操作手冊。

這些文章開示，您可能有幸曾在現場聽聞，再次溫習將猶如聖嚴法師身影重現慈悲關懷。即使是三十年前的勉勵、啟迪，也是歷久彌新，依然能深刻感受到一代佛教導師的高瞻遠矚與開創性悲願。

成佛之道的指路明燈

此套書不但是法鼓山發展方向的依歸，更可成為每一個人修學佛法的指路明燈，讓我們以精進不息菩薩行，穩健走在佛道上。選在聖嚴法師圓寂十週年的此刻出版，也是一份對法師的緬懷與感恩。而對法師最好的感恩，就是實踐法鼓山的理念。

因此，《法鼓山的方向》除可幫助個人閱讀成長，可做為讀書會教材，也適合用於教育訓練課程的教案。如果能推而廣之，法鼓山的生活佛法，將能造福全世界，只要邁向法鼓山方向，成佛之道在眼前；只要好願在心中，當下即是人間淨土。

法鼓文化編輯部

目錄
CONTENTS

〈四眾佛子共勉語〉

這二十句共勉語，並沒有前後一定的連貫關係與次第，不過，前二句：「信佛學法敬僧，三寶萬世明燈。」與後二句：「處處觀音菩薩，聲聲阿彌陀佛。」是〈四眾佛子共勉語〉當中最重要的。

要將這二十句熟讀背誦，並了解其中的涵義，不但可自勉自勵，也可勉勵他人。若每位會員都能了解這些理念，而且能夠廣為傳播，便是自利利他的菩薩行。

以下用一句、一句的方式，分別做詳細的解釋。

信佛學法敬僧

「佛」，是覺悟的意思。是大徹大悟、自覺又能覺他、圓滿徹底覺悟的聖者，尊稱為「佛寶」。

在我們這個世界上，到現在為止只有釋迦牟尼佛一個人成佛。釋迦世尊是我們佛教的教主，二千六百年前，誕生於現在位置印度與尼泊爾交界處的迦毘羅衛國，為預備繼承王座的太子，因為看到世界人類都有生、老、病、死種種的痛苦，以及弱肉強食的種種現象，體會到眾生的愚癡、人類的苦惱，因此放棄了王宮的奢華生活而出家修行，希望求得解救世間苦難的道理和方法。

經過六年的修行之後，終於在摩揭陀國的菩提伽耶的一棵畢鉢羅樹下悟道。現在為了紀念釋迦成道，就稱這種樹叫菩提樹，「菩提」是覺悟的意思。

釋迦牟尼佛在悟道以後說，所有的眾生如果照著佛所修行的方法和道理去修行，每一個人都有成佛的可能。並說：在這個世界以外的他方世界還有許多的佛，如藥師佛、阿彌陀佛等十方三世一切諸佛。未來有許多眾生會成佛，乃至所有的眾生都可能成佛。為了離苦得樂、自覺覺他，我們要信佛學佛。

「法」，是指佛所體悟到的人生宇宙的道理，和佛所經驗到的修行離苦的方法。這些道理和方法，告訴我們如何修行？為什麼要修行？如何才能達到離苦得樂的目的？故被尊稱為「法寶」。

佛出現世間，是應化人間，為人間帶來了法寶。用法寶來幫助我們離苦得樂，讓我們有修行的方法並懂得修行的道理，使我們從生、老、病、死等種種的苦難和苦惱中得到解脫。因此佛教的教義就是要教大家學法。向誰學呢？要向僧學。

「僧」，是指釋迦世尊住世時代所度化的比丘僧、比丘尼僧。他們自己修行佛法，同時也教人修持佛法，是住持佛教的僧團，被敬稱為「僧寶」。出家僧眾是住持佛法的中心，代表佛教的離欲精神及解脫精神。眾生的苦惱都是由於放不下、離不開種種貪欲而產生；出家的形象和生活就是一種離欲及解脫的象徵。出家僧的生活方式、生活型態最接近佛的本懷，因此佛教以出家僧做為住持佛教的中心。

學佛就是修學佛法的生活方式、實踐僧眾的生活理念，我們能聽到佛法、修學佛法，正常情況下，也要靠僧寶來傳授，所以要敬僧。

三寶萬世明燈

「三寶」，就是佛、法、僧。只要三寶住世，人類就有光明，人類就能得到救濟，就有未來的希望，所以三寶是萬世的明燈。

正信的佛教，三寶必須具足，缺一不可。如果只信佛，卻不信法、不信僧，那就等於是拜神、拜天，只是求佛加持、保護、給我們幸福，卻不知修行的方法和道理，會被人視為盲從的迷信。

如果只信法，而不信佛、不信僧，就等於是一種學問知識的研究，並不算是佛教徒；等於只是在圖書館裡，把書一本一本地看完，雖知道書上的知識，但沒有用來做為自己行為的標準。就等於光點菜不飽，數他財物不富。

如果只相信僧中的某一個人，而不信佛也不學法，那就像崇拜英雄一樣，也像認義父母、認大哥一般。對佛教而言，如果只是崇拜、皈信某一個師父而說自己是佛教徒，便不是正信。正信的佛教徒是依僧寶而來信佛、學法。修行佛法的目的是在增長智慧、自利利他。所以三寶具足的重要性之於佛教徒，正如鼎有三足，缺一不可。

提昇人的品質

人的品質：就是人的品格、品德、氣質。氣質是可以改變的，有的人小時候土頭土腦、傻裡傻氣地不懂事，年紀漸長，經過了教育的熏陶及社會的歷練，氣質就變好了。改變人的氣質，就是提昇人的品質。

如果學佛以後跟學佛以前，人品沒有改善，言行舉止沒有檢點，思想觀念沒有提昇，便是枉費學了佛。學佛以後，應該以佛法的威儀、禮儀、行儀來自利利人，不應該再有自傷傷人、自害害人的行為。身口如此，心念都也應如此。

身為佛教徒，就要對自己的家庭、社會、國家、所有的人類，乃至一切的眾生，負起責任。我們有權利生存在世間，更有義務和責任來幫助世間、改善世間。

如果做了佛教徒以後，有人看到你便說：「幾年不見，怎麼你的性格和氣質好像和過去不一樣了，這一定是有道理的，為什麼？」你應該告訴他說：「阿彌陀佛！沒有其他的原因，只因為我皈依了三寶，做人應當先學會自利利他的。」

所謂自利利他，佛教的修行方法很多。比如要提昇人的品質，應先從自己開始，進而再幫助他人提昇他人的品質，自利又利他。

又，與人相處之時，要想自利，應先利他，這之間是互相關聯的。在家裡，如果對自己的家人態度改善，家裡的人也會受到你的影響而有所改善。自己能和顏悅色，處處以禮相待，時時關懷他人，以成全別人做為成全自己的心態來處理事務，周圍的人也都會受到影響。我們要學習佛法的慈悲，開發內心的智慧，健全自己，協助他人，為全體而顧大局，敦品勵學，奉獻自己而盡心盡力，溫厚謙恭。

但是成為佛教徒，並不是叫你做鄉愿、做濫好人、做傻瓜，佛法的目的是在利益眾生，而真正地利他，是要使得頑者廉而懦者立，感謝恩人，寬恕仇人；學習賢人，救濟苦人；調伏狂人，感化惡人；慰勉失意的人，關懷受難的人；把懈怠的人勸導成精勤的人，使凶狠的人轉變為慈悲的人。用種種恰到好處的方式來幫助人，使得共同生活在我們環境裡的每一個人，都能夠得到利益。這才是真正自利利他的人，也才是真正品質高尚的人。

建設人間淨土

要使我們所處的世界變成淨土，需要靠大家的努力。不管外在的環境如何，最要緊的是先從個人做起。首先自己不做有損他人的事，才有希望人人都不會做自損損人的事；一個影響十個，十個影響百千個，才可能使整個環境裡面的人都成為悲智雙運的菩薩。縱使不成為三寶弟子，也希望他們都能相信三世因果的道理；相信因果就不至於殺人、放火、為非作歹、為社會製造不安。因果觀念能使人心悅誠服地改過遷善，心平氣和地接受現在，再接再厲地開創明天。相信因果的人增多，我們的社會就會更光明、更安定、更和諧，那便是人間淨土的開始實現。

有一位警官王麗民居士告訴我說，在他執行公務時，曾經發生了一件事：幾十個滋事的人拿著木棍要打他，他高聲唱念：「阿彌陀佛！阿彌陀佛！」那些要打他的人一聽到念佛聲，都愣住了，他就趁機跑掉。他說：「阿彌陀佛真有用！替我解圍救了命。」又有一次，那是一九八六、一九八七年間，他在北投大度路取締青少年玩命的飆車，可是那些看熱鬧的群眾擋著他的路，並且要掀翻他的警車，這時候他又拿出法寶說：「阿彌陀佛！讓讓路。阿彌陀佛！請讓一讓。」真是有用！那些本來要攔住他、打他的人都自動讓開了！

我們如果能在做任何一件事情的時候，都不忘先念阿彌陀佛，必定可以萬事如意。其實，那正是在提醒我們自己：佛是救苦救難的；念佛的人，應當要心存慈悲，幫助他人、原諒他人、尊重他人，千萬不要得理不饒人地一意孤行。

「牆倒眾人推」的心理不能有，他已經倒了，或快要倒了，應該留他一條生路，你還要推它做什麼？但是這個社會上雪中送炭的人少，錦上添花的人多；井底撈人的人少，落井下石的人多，所以不是淨土，而是濁世或塵世。我們要多做雪中送炭、牆倒扶牆、井底撈人的工作，並且寧為幕後的英雄，不做表面的好人。一般人都只知道指責他人、要求他人，而捨不得檢討自己付出自己；很多人都希望站在人前，希望得到他人的讚歎，而不喜歡推舉賢者、讚歎好人，這樣的話，淨土就不容易出現。我們要讓他人站到前面去，成就仁人賢者、讚歎好人好事，如果多數人都能如此做，我們這個世界便能漸漸地成為淨土了。

由此可知，建設人間淨土，要從每一個人的自己建起，就在平凡和失敗中，奮力向上，一邊建立自己，同時也照顧好自己的家人、影響家人，進一步再推廣到自己的工作環境，以及認識或不認識的人，讓他們能夠得到佛法的滋潤，體會佛法對於人間很有用，也來認同佛教修學佛法。能夠接受佛法的「善有善報、惡有惡報」的因果觀念，便是推廣人間淨土、建設人間淨土的最好方法。

知恩報恩為先

一般凡夫，多多少少都會恩將仇報、過河拆橋。別人對我們有恩，我們卻把他當仇人看。不幫我們忙還好，幫了忙之後反而更糟糕，認為沒有幫夠、沒有幫好。因此有人對我說：「師父！我們幫了別人的忙，人家反而對我不好，真的是引狼入室，怎麼辦？」我說：「這很平常，我們自己也許也是如此，只是未曾自覺自省罷了。不過人家報不報恩，不必放在心上，幫助人就是幫助人，沒有條件，盡其在我就好。對於別人的恩將仇報，就把它當成是前世欠了他的果報。施恩於人的時候，目的即已達成，能夠不計較恩將仇報，便能福至心寧了。」

可是，如果自己受了別人的恩，一定要知恩、報恩。恩從哪裡來？從四面八方來。從小到大，到老死，我們都在接受各種人的幫助與協助，父母、師長、朋友、親戚、同事，及所有直接、間接與我們產生種種關係的人，都是我們的恩人。

有一位青年告訴我說：「師父！人人都可報父母恩，我沒有恩可報，因為從小父母就把我送給別人領養，我還要報父母什麼恩呢？」我說：「生身父母雖然沒有養育你，對你還是有恩。因為母親懷胎十月，而父親與你的關係也是過去無量劫以來結的緣，所以從過去世來看，父母對你都有恩。我們要飲水思源！這個身體得自於父母，是父母就是父母，要知恩報恩。」此外，只要有人曾經給我一碗飯、一杯水、一張車票，乃至於僅是一個動作、一句話，幫我解決了問題，都也該心存感謝，感謝他對我們的布施。

而報恩，可有下列兩種方式：

（一）直接報恩：誰對你有恩，你就報答他。對父母盡孝養，對師長盡恭敬，對國家盡忠誠，對社會盡責任，對家人盡義務，對友人盡道義，對眾生盡關懷……，這些都是直接報恩。

（二）間接報恩：別人培養你、護持你、幫你的忙，都是希望你能夠有成就，能夠有利於社會、有利於眾生。你也以同樣的方式培養人、護持人、幫助人，不為自求回饋，但為報答恩人，便是間接報恩。例如出家人要報施主的恩，就是好好修行幫助眾生，以一切功德迴向給一切眾生，這就是報施主的恩。施主布施給僧尼，僧尼若拿金錢還給施主，那就不是報恩了。

報恩的觀念就是：得到了恩，先回報給對我們有恩的人，要念念不忘地想著他、懷念他；在適當的時候要表揚他、讚歎他，這是念恩。念了恩之後，自己就要好好地努力修行來幫助眾生，利益人群。人家如何幫助我，我也要如此助人，而且要付出更多，來幫助他人、回饋社會、影響世人，這就是報恩。

利人便是利己

一個學佛的人，如果常常想到自己的利益，一定是煩惱重重。如果事事都為自己的利益打算，做任何事都只想到對自己有什麼好處的話，一定是煩惱很多、非常自私的人，對一個非常自私的人，要叫他沒有煩惱是很難的。

我們一定要把心量放大、放寬，個人是極其渺小的，因為我們生存的環境與我們的關係密切，從時間上說，跟漫長的歷史相關，跟整個世界，乃至無盡的宇宙、所有的一切人、一切眾生都是息息相關。例如最近的中東發生戰爭，伊拉克入侵占領科威特，看起來，不過是小小的一個地方發生了戰爭，但是整個世界都受到影響。因此若從宇宙看個人便無法自大，若從個人看宇宙便不能不負責任。我曾聽到有人說：「我這樣微小的一個人，在天地間看起來像芝麻般大，做好做壞，無關緊要。」像這種念頭是不可以有的。

佛經裡記載著一個故事：有一座山林失火了，火勢蔓延整座山，這時有一隻鳥，很慈悲地想著：「經過這一場大火的延燒，山上所有的動物、眾生都將會被燒死，實在很可憐！」因此牠想到要去救火，牠飛到大海裡把身上的羽毛打濕，沾著水再飛回山林把水抖下去救火。用羽毛沾水救山林的大火，比起「杯水車薪」，還要無濟於事。可是牠化不可能為可能，牠一次次地飛，終於感動了帝釋天。天神說：「這隻鳥真偉大！有這麼大的慈悲心！這些眾生應該救，這些眾生本來都將死的，但是如果我們不救火，這隻鳥最後一定會死掉，為了要救這隻鳥，所以山林的火一定要息掉。」結果，雷聲大作，濃雲密布，大雨傾盆而下，森林的大火一下子就被澆息了。天神救了這隻鳥，這隻鳥也救了整個山林。這隻鳥就是釋迦牟尼佛在過去世中行菩薩道時的一個階段，是釋迦牟尼佛的本生故事。他很慈悲，一心為救眾生，所以最後能夠完成佛果。

我們學佛的人應該要有這種信心，要盡其可能地做利他的事，要一點半點地做好事。力量大就做多，力量小就做少。不要以為人微言輕，或抱持與其少做不如不做的念頭，好事就是好事，不應有大小之分。點點滴滴地做，就會做出大事來。請別忘了，你一個人做好事，還能影響他人做好事，當下沒有，過後一定會有。

有錢有力的人當然可以下傾盆大雨去救整座山的火，沒錢少力的人也可以學那隻鳥救整座山。山上的眾生沒有成佛，而那隻鳥最先成佛；釋迦牟尼佛沒有想到自己的問題，只是想到如何去幫助眾生？如何使眾生脫離苦海？所以釋迦牟尼佛成佛了！因此利人就是利己，而且是息息相關的。

當你把家裡的人照顧好、安頓好的時候，每一次回家，還有人會跟你吵架嗎？家和萬事興，自己也得到幸福，這不等於是利己嗎？利了人才能真正可靠地利己。如果你是個自私鬼，把家裡兒女的零用錢拿去買酒喝、太太的買菜錢拿去賭撲克，當你回家時，家裡的人將會用什麼樣的態度對待你呢？所以若想真正利己，最好先去利人。利人一定更能夠利己，這是顛撲不破的道理。

盡心盡力第一

人的身材有高有矮；人的力量有大有小；人的智慧有深有淺；人的才華有智有愚；人的動作有快有慢，這些不同的人來做相同的事，雖然不能表現出同樣的成績，但是只要盡心盡力，就可以做出同樣的功德。我常說：「聰明和身體好的人，應該要為那些頭腦笨、身體差的人做奴隸、做僕人；不做奴隸、僕人，至少也要為他們服務。能者多勞，仁者多忙，在這個世界上，有一些人就是專門來照顧人的；也有更多的人就是來讓你幫助和照顧的。」一般人是既被人照顧又在照顧人，我們要想辦法盡自己的心力、體力、智力和財力來幫助需要我們幫助的人。

在釋迦牟尼佛的時代，有一位富可敵國的大富翁名叫須達，他能以金磚鋪滿一座園林，從一位太子的手上買下它，布施給佛及佛的弟子們做為修道弘法的道場，他的功德當然很大。另外有一位以乞食維生的貧女，發願要供佛，但是她不知道該供養什麼？有人教她用她乞食的破碗向人家討來燈油，在晚上佛陀說法的時候拿去點燈照明道場，她照著做之後，佛就讚她的功德最大。

可知力量大的人，若能有心做好事，有願護持三寶，福被人間，固然可被視為修行菩薩道的大德；另外有一些人，力量雖小，卻也有心向善，我們可以把他們看作是悲心的菩薩，發願示現一種卑賤、殘障或者低能的身分來到人間幫助人。當然對這些人來講是很殘酷的，但也更加顯出他們的偉大。為什麼他要以這個樣子來幫助人？因為他有這樣的缺陷以後，才可以影響更多的人產生同情心、產生因果報應的警惕心，希望人們改過遷善，影響大家共做好人、同做好事。因此，我們活在世上，誰都能做好人，誰都是該做善事的，不論是體力的強弱、心力的大小、智力的高低、財力的貧富、權力的有無、地位的貴賤，都當盡心盡力地修善積福。

不爭你我多少

凡夫的習性，往往愛跟他人比長論短，爭多爭少。其實從佛法的觀點看，表面的長短多少是不重要的，但問自己盡心盡力了沒有。有一位菩薩為度一個眾生，上天下地無量生死，結果成就佛道。另一位菩薩在天上天下度了無量眾生，結果也成佛道。從數量的多少而言，此二菩薩，形同天壤，以功德而言，卻是相等。

勸募會員在勸募時，找到一位護持會員，結果卻被另一位勸募會員拉走了；或者辛辛苦苦勸到一個人皈信三寶，結果被另外的人帶著去護持別的道場了。如果遇到這種情況，請大家心裡不要難過，而且要滿心歡喜，因為是同樣護持法鼓山，至少也是護持同樣的三寶。只要你能盡力來做，不必計較錢多錢少、人多人少。彼此之間不可以有爭功勞、搶地盤的情形，大家是為行善積德、護持佛法而來，如果爭論多少，反而引起你我的煩惱，豈不是愚癡可笑？跟自己內部的勸募會員是如此，對外也是一樣。這是大家應該一致遵守的信念。

身為佛教徒、身為法鼓山勸募會員的人，只要盡心盡力去做，成績如何，可以不必放在心上，也不必期望別人一定要知道自己做了多少。做了多少功德，自己知道就好。這筆帳永遠會被記在你自己的功德簿上，誰也撿不走、抹不掉，善業、惡業，永遠都是跟著你自己的，因此不必爭、不能爭，只要盡心盡力就好。

慈悲沒有敵人

可憐人、同情人、原諒人、愛護人、關懷人等都可以算是慈悲精神的表現。慈悲的主要目的是心中無敵。無敵就是心中沒有敵人，沒有過去的宿仇，也沒有現在的怨家，更不製造未來的對頭。所以不是仗權勢而稱無敵，也不是憑財力而稱無敵，更不是靠武力打敗一切人而稱無敵，乃是以慈悲心照顧、原諒一切人。慈悲心愈大就愈能夠感化人。

在這個世界上，沒有一個人能夠免於受人批評，即使佛陀也不例外。縱然未得罪過人，卻無法不讓人討厭、不讓人仇視；就算你不跟人鬥，人家也會找著你鬥，你不跟人爭，人家也會跟你競爭。但你不必介意人家如何，你自己要沒有敵人。

比如你在我們的農禪寺是個好人，大家都說你好，師父也常稱讚你好，其他的人之中，可能就會有一人、兩人覺得有一點酸溜溜的，會想：他好，我就不好？師父老說他好，為什麼師父不曾說過我呢？這樣的人，心中就有了敵人。有敵，就是有比較的對象。敵是敵對，敵對不一定是怨家，就像女孩子嫉妒別人長得漂亮、穿得美麗，這不是跟人作對?!如果把別人當對象看，不是嫉妒，而是見賢思齊，那就是慈悲心。

如何用慈悲？要常常往相反的方向說、往相反的方向看、往相反的方向解釋。比如有人無緣無故地瞪你一眼，你心裡一定毛毛的，此時，你應該要用相反的方向來解釋、來體會：「他瞪我一眼，可能是我的臉長得不大好看；或者我今天有什麼不對勁，他提醒了我，我要感謝他。」「人家的表情就是我的鏡子。」見他面目可憎，自己的面目大概也不大好，所以會遇到這樣的人；至少我的樣子讓他生氣、我的氣質讓他討厭，所以他才會瞪我一眼。

此外你也要想：可能他雖是在瞪我，卻不是生我的氣，不知道在生什麼氣？他這時候應該受到關懷。所以不要「以眼還眼」，該避開他，或者替他念一句阿彌陀佛，願他能夠心裡平安，這樣就是慈悲心。否則的話，一旦生起對立心，你就離開慈悲心了。若能為他設想，原諒他、可憐他、關懷他，就能轉敵對心成慈悲心了。

如果一個蠻不講理的人在你面前出現，你的心裡一定會毛毛的，這時你要想：他已經不講理了！生氣了！我應該講理、不要生氣，否則氣上加氣更麻煩。因此不論任何時間，只要我們能用一種相反的念頭來轉變對人、事、物的看法，這就是慈悲心。

但是當我們還是凡夫的階段，要想做到完全心中無敵是很難的，所以我們要時時想到慈悲心，至少就不會老是生氣了。

智慧不起煩惱

不要以為開悟才是智慧，智慧是頭腦冷靜，是理智、理性。人的煩惱都是從情緒、情感產生，一碰到情一定會有煩惱。用理智、理性來處理的話，煩惱就會減少。有一位女孩來問我問題，她非常痛苦地哭著說，她認識一位男孩，交往了七年，二人在一起彼此都很痛苦，生不如死。可是一分開又會互相思念！她想離開他，可是男孩子威脅她說，沒有她的話，他會去死。但她認為如果她真能離開他，他也不會去死，如果二人繼續纏在一起，倒有可能二人都會累死。我要她用理智考慮，過了些時，她想通了，便破涕為笑。所以很多的問題都應該拿客觀的理性來處理，要以權衡輕重的智慧去分析。有些人一遇到困難就到神前丟筊杯，這不是究竟的方法！如果用智慧、理智來處理，問題根本不會存在。犯了法要坐牢，可以委請律師設法減輕罪刑，應該坐的牢還是要去坐牢。那就沒有煩惱了！有病的人要去看醫生，醫生救不好，可以念阿彌陀佛、念觀世音菩薩。往往有人在醫生宣布即將死亡的狀況下，因為念了阿彌陀佛、念了觀世音菩薩而沒有死，這種例子很多。

佛經中的智慧，是指無私無我的觀察力、抉擇力、判斷力，不論遇到任何事，都只有應當怎麼做就怎麼做，不為自身的利害得失設想，只為應不應該處理，如何來處理而做應對。由於凡事不為自己的私利求，所以就不會為自己招致煩惱。

佛經中的智慧，是因洞察世事無常，所以沒有一事一物能夠不變；凡夫因為不解世事無常，所以把暫時的身心世界，當作小我大我，爭人我、爭多少、爭內外、爭對錯，結果惹生許多的煩惱。

其實，天下本無事，庸人自擾之。庸人是沒有智慧的人，不用理智、不用理性處理事情的人，若知佛法，情況就會改善。佛法是講因果及因緣的，講因果，凡事不會怨尤；講因緣，凡事不會強求。那還會煩惱什麼？

忙人時間最多

在座的居士們，你們多半是非常忙碌的人，但都還有時間來聽佛法、學打坐、念佛、拜懺、參加法鼓山的護法工作。可見忙人時間最多。我認識的有一位家庭主婦，很少來共修，我問原因，她就向我表示她每天都很忙，忙得很辛苦。問她忙些什麼？原來她只需要照顧一位先生，每天只忙早晚兩餐，她卻感到忙得不得了。可見閒人時間最少。

其實我們日常生活所需花費的時間不需要很多，做任何一件事都可以節省時間，不要拖泥帶水地浪費時間。有人漱口要花二十分鐘，一天漱上五次，就要耗掉一百分鐘，這是很不經濟的做事方法。

我有一位出家的朋友，他每天早上要洗頭，他真是本事大，一次次地洗，洗到盆裡沒有一點頭皮屑才算洗淨，所以要半個小時。我問他：「你有這麼多時間洗頭嗎？」他說：「不！我在修行，我心平氣和地把我的頭洗到乾淨為止，我的心也洗得乾乾淨淨。」我很佩服他，但是我沒有這麼多時間可以洗頭，所以我一天只洗一次，每次只要一、兩分鐘；剃頭也是，可快可慢。因此諸位在處理自己的日常生活時，可以安排順序，精簡時間，你就能夠很快地把許多事情處理完畢。時間太多的人常常是不知不覺地就把時間耗磨了。

像身居高位的人，或者經營大事業的人，每天要處理許多事，他們怎麼應付呢？我曾問過一位大人物，他是怎麼應付那麼多公事的？他說：「君逸臣勞，做主管的不需要忙，不必動筆，只要動嘴。主管的桌上不應該有公文，公文應該由下面的人批。我頭腦始終保持冷靜，一遇到什麼事，我就告訴他們怎麼處理，不需要我自己動手，我一通電話可以處理很多事、解決很多問題。但是有的人不會處理事情，本來一通電話就可以解決，他卻要打上二十通電話，講了又講，結果下面的人這個也不知道、那個也不知道。」所以他說：「我做這個官，事情雖然很多，但是並不太忙。」我說：「你有時間打坐嗎？」他說：「有啊！我每天早晚都打坐。」

像現在中華民國總統李登輝先生、國防部長陳履安先生都是大忙人，他們卻都有時間打坐。他們那麼忙，哪有時間呢？有，特別忙的人一定有時間；不忙的人反而沒有時間，為什麼？因為寶貴生命、珍惜時間，就會善用時間；不知生命可貴、不懂時間無價，就不爭取時間。

勤勞健康最好

這句話是絕對的真理。健康應該是指身心正常，少病少惱，活得積極而又愉快自得。但是，身體雖然重要，心理健康尤其重要。

在今天臺灣的佛教界，有好幾位大德都是身體很不好的，像印順長老，今年（一九九〇）已經八十四歲，但他從年輕到老，總是在害著病，他的學識之深廣、著作之等身，在我們佛教史上堪稱罕見。他看了那麼多書、寫了那麼多的著作，那麼有學問，應該是最忙的人，而他老是在害病。又如印順長老的弟子證嚴法師，他也常常有病，隨時有暈倒的危險，他的徒弟們很為他擔心，他卻平安地活了下來，每天也在不停地忙。因為他有悲願，願心無窮，所以健康也沒有問題。

我的徒弟也擔心我的健康，他們說：「師父一天到晚早起晚睡，吃得少、工作多、談話也多，如果師父一旦圓寂，我們法鼓山誰來當住持？誰又能把法鼓山建起來？」我徒弟的這份孝心我很感謝。

我的身體很差，這是不爭的事實，而最近更差，但是諸位不要擔心，我自己知道身體為什麼差，我也會找時間休息，但我相信我的心理健康，有了病也沒關係。其實你們諸位也不要妄自菲薄，認為你們不是師父，要等修到師父那個程度，再來勤勞。這是錯誤的想法，就是因為還沒有修好，所以要趕快勤勞，勤勞以後才有健康，因為不勤勞所以才害病。因此我勸諸位，每當害病之時，就告訴自己：「因為你這傢伙偷懶，所以才有時間害病。」諸位只要發起勤勞的精進心，諸佛菩薩、護法龍天、一切善神，都會給你加持，使得你的心力幫助你的體力。

這並不是叫大家不要害病，生病是正常的事，但是害病以後，心裡不要認為自己已經沒辦法了！心理要保持健康，相信自己還可以做一點事。如果真的病倒，什麼事情都不能做的話，你們還能做一件事——念佛。嘴巴念不動時還可用心念，只要心裡在念佛，也算是勤勞。

為了廣種福田

「廣種福田」的意思是多結人緣。福田有四種，大別為二類：一為「敬田」，一為「悲田」。敬田包括三寶恩、國家恩、父母恩；悲田包括眾生、窮人及病人。

窮人包括物質的及精神的兩種；病人也包括身病及心病的兩種。不論是生活的窮或精神的苦，對眾生的一切急難，若能給予救助，都是種悲田。

要廣種福田，任何一個人都可以是我們服務、幫助的對象。不論是悲田、敬田，我們都要有田就種，隨時隨地都要助人離苦、與人得樂。

給人物質的幫助，可以使人離苦得樂於一時；助人信佛學佛、修持，可以使人離苦得樂於永遠。在任何一個時間、任何一個地方，遇到任何一個人，我們都不要錯過廣種福田、與人為善、與人為樂的因緣。對於目前已經遇到的，我們要先做、早做、快做；尚未出現的，要想出辦法，促成因緣的成熟。

那怕任怨任勞

「任」又可稱為「忍」，就是負責擔任和忍辱負重。

你待人好，別人不一定會感謝你，得到的回饋很可能是恩將仇報，但是念頭要馬上轉過來，念這二句話：「為了廣種福田，那怕任怨任勞。」只問耕耘，不問收穫。別人如何反應不必計較，也不要怕；只要不是為了自己，而是勸他行善，勸他培福，等於鼓勵人家以出錢、出力、出時間的方法，在他們自己的功德田裡，種下一本萬利的功德。所以不必顧慮也不要在乎不禮貌的反應，如果心裡還是在乎的話，就把這二句話「為了廣種福田，那怕任怨任勞」當咒語來念。念一遍不靈，再念第二、第三遍，多念幾遍以後，你心裡的悶氣就會不消自消了。因此大家要念、要把它背起來。佛經告訴我們，學佛的人，要以慈悲為父，智慧為母，精進為鎧甲，忍辱為披衣。誰能有忍，誰就有福，大忍得大福，小忍得小福，不忍便無福。

布施的人有福

為了保障未來的安全幸福，我們不能沒有儲蓄的習慣。凡是懂得儲蓄的人，便會考慮哪一家銀行的哪一種辦法，才是信用最好、利率最高的。以佛法來說，儲蓄存款可分為有限及無限、暫時及永久的兩大類。存於個人的銀行戶頭，是有限而暫時的；存在社會，是無限而永久的；存於三寶則是無限永久而無盡的。因為個人的銀行存款，只有你個人及少數人可以提用；社會存款則可大至全世界，久至地球毀滅時；而存於三寶卻可大至十方的無量世界，久至無盡的未來三世。我們的生命是分段的，故在這三種存款的帳戶之中，我們都應當及時儲蓄。

布施，是度眾生最好的方法，也是修行菩薩道的基礎方法，更是無盡藏的存款方法。布施可以分成財施、無畏施、法施等三種。

（一）財布施：財有內外兩類：1.若以一切動產、不動產等身體的附屬財物做布施，這是外財施；2.若以做義工，以體力、智力、技術、知能乃至用身體生命來布施，這叫作內財施。

（二）無畏施：協助別人，讓人獲得無威脅、無恐怖的自由，叫作無畏施。學佛的人，能持五戒：不殺、不盜、不邪淫、不妄語、不飲酒，便可給他人五種安全感。例如持殺戒的人，能施予人不被殺害的無畏。因此五戒又被稱為五大布施。

（三）法施：布施之中以法施為最上乘。凡是以自己所了解的佛法教化眾生，即是行法布施。但是像四聖諦、八正道等，這些佛法的道理較深奧，諸位不懂沒有關係，只要知道：「布施的人有福。」把這句話告訴別人，就算法施。你再告訴別人：「慈悲沒有敵人。」這句話也算法施。如果背不出來，最有效的辦法就是念「阿彌陀佛」。念了佛以後，人家不敢打你，有難可避難；有災可消災；有願可以成願。懂得因果的道理，把因果的道理告訴人，這些都也是「法布施」。

行善的人快樂

好人不寂寞，善人最快樂。時時處處助人利人，也就會在時時處處你最幸福。

看到別人因為你的幫助而解決了困難，你便會有一種安慰。例如你曾在馬路上救過一個差點被汽車壓倒的小孩，以後你再看著他長大，一直到他年紀老了，看到他時，你都會感覺很高興、很滿足，他能活到那麼大，因為是你救了他。

又比方你曾牽著一位老人家過馬路，以後你再看到這位老人家，你的心裡都會很高興，你會想到自己曾經牽過他的手過馬路，自己曾做了一件好事。

如果你曾經或經常做好事，你的心裡就不會有壞念頭，不會有煩惱。常常成人之美，就不會計算人家，做了好事你就不會計較，你見到任何人心裡都會很歡喜。〈青年守則〉中也有：「助人為快樂之本。」所以行善的人一定快樂，身為佛教徒，更應該多行善、多幫助別人。

時時心有法喜

《法華經》中把凡夫世界形容為火宅，把佛法形容成出離火宅的交通工具。我們在信仰佛教、聽聞佛法以前，常常被煩惱火燒得焦頭爛額，像隻熱鍋上的螞蟻，東奔西闖，失魂落魄，不知何處是歸宿。聽到佛法，信了佛教以後，才能免於煩惱火的煎迫，就像得到船票，登上渡船，已在航向清涼的安樂世界。所以我們應該時時慶幸，常常感到歡喜。

中國的儒家聖賢，曾有「朝聞道，夕死可矣」的名言，表示一個人當他已經知道歸宿在何處的時候，便可以放心、安心了。更何況佛法能給我們修行的道理、步驟、方向、方法和目的，不論是誰，都能學會、都能做到，所以，當你遇到佛法之後，怎能不喜悅不已呢？

正在修行佛法，應該感到難得；手上拿一串念珠表示自己是一位佛教徒，沒離開佛法，信的是佛法、修的是佛法，應該感覺到很高興、很歡喜。就像彩券的特獎難中，而你遇到佛法，便等於中獎，而且已經提到現款；哪怕僅懂一句佛法，已是富甲天下。

無量眾生之中，得到人身的極少；人類之中見聞佛法、修學佛法的人數不多，而我們正是這些極少數中的幸運者。佛說人身難得，我們已經得到了人身；佛說佛法難聞，我們已經聽聞；一般人對於佛法不容易聞信起修，我們已經正在修行。至少我們已經知道修福、修慧，已經曉得慈悲與智慧的道理，已經會念這二十句話，心裡應該高興，時時刻刻生起歡喜心。見到任何人時，能以佛法和大家結緣，尤其值得歡喜。

念念不離禪悅

禪悅是指心念的安定、平衡、平靜、和平的意思。透過聞法、念佛、禮佛等修行的方法，能使人心中漸漸減少恐慌、憂愁、悔恨、驕狂、疑慮、貪欲、瞋憤等煩惱現象，這就是一種禪悅。此外，諸位如果能夠常常想到〈四眾佛子共勉語〉這二十句話，你的心裡也會自然而然地安定、平靜、穩定下來，這也是禪悅。

不要把禪悅當成老僧入定、盤腿一坐幾小時才算，心不混亂、心不波動，便是一種禪悅。

憚悅並不是狂喜，身無負累、心無牽掛，便是禪悅。這樣的體驗有一秒鐘，便得一秒鐘的禪悅。若能經常處在平靜、穩定、安定的狀態，就是念念不離禪悅了。

只要大家能夠時常念著本文所說的二十句話，就能夠達到這樣的境界，所以體驗初淺的禪悅，並不是件非常困難的事。

處處觀音菩薩

觀音菩薩在哪裡？在心裡。觀音菩薩救苦救難，尋聲救苦，無處不現身，當你有苦難，你念著觀音菩薩的聖號，觀音菩薩就會來。是不是這樣呢？事實上觀音菩薩根本沒有離開過你。只要我們遇到任何困難、有任何問題，比如說在生死交關的情況下、遇到大的災難時，或害病害到沒有辦法醫治、得不到任何人的幫助時，什麼希望都沒有了，快把問題交給觀音菩薩，勤念觀音菩薩，觀音菩薩就會幫助我們。所以我們要常念觀音菩薩，同時也要勸人念。

聲聲阿彌陀佛

我曾經贈送在護法會工作的居士們兩句話：「師兄、師姊對不起。」「阿彌陀佛，謝謝你。」見了面彼此叫師兄、師姊，不管是要說什麼話（或打招呼），都先念一句：「阿彌陀佛！」講完話也念一聲阿彌陀佛，認識的人如此，不認識的人也如此，隨時隨地不離阿彌陀佛，這樣就會使得皆大歡喜。

不論發生任何事：急事、難事、禍事、凶事、喜事，不要忘了常念觀音菩薩，或念阿彌陀佛。有一位我們法鼓山的護法女居士李太太，最近一個深夜，曾經在家中遇劫，來了五個強盜，她記得我勸她要常念觀音菩薩，她在被綁之時便大聲地念，結果強盜要綁她，怎麼綁都綁不起來，最後她家裡只損失了現鈔，一家老少四人都平平安安的。因此大家要記住：急難的時候，沒人救你的時候，要念觀音菩薩，或念阿彌陀佛。急時念，定有感應；平時念，保你安全；勸人念，廣結善緣。

結語

希望你們每一個人都能夠把以上的二十句話背誦下來！熟背過之後，還得反覆溫習它們的涵義。每天早晚背誦一遍，然後才能夠得心應手地隨時運用，應用自如。當有人埋怨指責你的時候、跟你計長較短的時候、忙得頭暈腦脹的時候，或者信念動搖的時候，請你都要記住這二十句話。

各小組在集合、聯誼的時候，或者在見到勸募會員、護持會員的時候，彼此要互相勉勵、互相問答，要隨時可以背得出來、答得出來，能夠背出來一定有用。那會使你們左右逢源，無往不利。我在心裡，永遠為你們祝福。

（一九九〇年八月二十二日講於北投農禪寺，原收錄於法鼓山小叢刊《佛子共勉語》）

法鼓山的學佛路

推廣佛法，理論與實踐並重

法鼓山是屬於全體的會員，所有的活動，均由會員共同促成，共同分享，而法鼓山的活動將分成兩個方向：

（一）屬於學術研究部分的。我們要設立一個包括有大學部和研究所的學院：大學部設十二個系九個所，佛學的研究，當然也在內。我們期許朝向世界性的佛教機構發展，不但從基礎開始培養研究佛學弘揚佛法的人才，也成就已經學成了的佛學碩士及博士人才到法鼓山深造，繼續從事研究開發的工作，使法鼓山能夠成為國際上造就一流佛教人才的學府。

（二）屬於實用實踐部分的。那就是現在農禪寺及各分支院正在做而將來還要開展的弘化工作。例如禪坐、念佛、拜懺、誦經、閉關等等，並且會以分梯次、分段落、分層次、分時間的方式，舉辦各種相關的修行及講習活動。

我們希望，每一位有意願接受法鼓山各種修行活動及佛學講習訓練的人，都能夠成為各層各級的教師人才，都能夠指導他人修行，都具備擔任通俗佛法講師的資格，一邊修學佛法，一邊弘揚佛法。可以有專職的，也可以有兼職的；不僅是出家人才，也有在家人才；每一位在法鼓山修學佛法之後，都能成為弘揚佛法的人才。

法鼓山有三個連鎖：修學佛法、弘揚佛法、護持佛法。修學佛法，不一定要到山上，可是法鼓山上所提供的環境設施比較完備；提供場所，也提供指導修學佛法的師資，和指導修學佛法的方法及觀念。而不管是修學的環境、指導的師資、教學的設備，都要通過諸位會員的護持，才能成就。

請諸位不要認為佛法是那麼艱深難懂，那是屬於研究性的層次；至於普及人間的佛法，是易學、易懂、易用的，那是屬於實踐的層次。佛陀說法的原意，乃是提供每一個人都能活用實用的，而不光是放在圖書館裡讓學者專家去看、去寫的。我們法鼓山重視研究的佛學，更重視實踐的佛法，研究能使佛教的理論素質提昇，實踐能使佛教徒的人品素質提昇，兩者是相輔相成的。

護持佛法，不只是要錢

看的、寫的是屬於學問的研究，因為佛教有其高深的哲學、輝煌的文化、悠久的歷史，值得讓人研究的資料，極其豐富。但是，不一定每一個人都需要在長期的研究之後才能得到佛法的受用，光做研究工夫的人，可從佛法得到受用，如果不能實踐佛法而只是研究歷史的、語文的、藝術的、思想的學問，那就不一定是佛教徒了。可是，我們法鼓山訓練的佛教人才，目的是由學術層面提昇佛教，從實踐層面推廣佛法。

佛法很容易，最基本的，只要懂得苦、集、滅、道四聖諦法就夠。釋迦牟尼佛最初對五比丘說法，就是說的四聖諦；所謂三轉四諦法輪，使五比丘個個證得阿羅漢果。能夠把握這個原則，在我們的日常生活裡實踐，那就是夠用了。

對諸位來說，究竟是先修學佛法呢？還是先護持佛法？其實都可以。我們的目的是希望有更多的人來修學佛法，而護持佛法則不光是要錢募款，多勸一些人來修學佛法，就是護持佛法，如果勸募的目的，只是為了募款，那就不像是法鼓山的鼓手了。

我們是為了要弘揚佛法，要讓人來運用佛法。可是，世人多忙，他們沒有時間來修學佛法，如果因為你們的人品好、人緣好，跟他們接觸的時候，讓他們有好感，也能請到他們來支援與護持法鼓山的；雖然他們不知道法鼓山是什麼山，也不知道聖嚴師父是什麼人，不過，由於相信了你的誠實，就捐錢護持法鼓山。這樣的錢我們要不要呢？當然要囉！既已開始護持，他就會開始關心，你就可以一點、兩點地將你所知道的佛法，以及法鼓山的理念，漸漸傳遞給他了，自然而然地，就將他們接引著走上修學佛法及弘揚佛法的路了。

謙虛、慈悲、關懷，就是佛法

或者是，當那些忙人的身心有了問題，或是他的事業上、家庭裡發生了困擾，或者是當你見到他時，他正在煩惱，這個時候機會來了，因為他正需要佛法的幫助；也許他正在得意，正在歡喜，歡喜得手舞足蹈，興奮得無法自制，這也就是機會來了，因為他正需要佛法的慰勉與開導。這時，可以用佛法的觀點告訴他一些事，使他的身心能夠得到一些平衡的利益，在觀念上幫助他糾正一些思考的方向。如此一來之後，他就可能會從護持三寶來修學佛法，而來弘揚佛法了。現有的法鼓山的會員們，怎麼成了會員，又怎麼變成鼓手的，多半就是這樣：有的是先來修學佛法，繼而變成弘揚佛法、護持佛法；有的是先來護持佛法，繼而修學佛法、弘揚佛法的。

不要把佛法想得太深奧，其實，對人對己少一點得失心、少一點傲慢心、少一點自私心，多一分謙虛心、多一分慈悲心、多一分關懷的心，就已體驗到了基礎的佛法。佛法告訴我們的這些話，很多人也會講，但是，會講不一定做得到！做不到的原因是什麼？因為自己沒有辦法控制自己、沒有辦法指揮自己。但佛法就指引了我們一些最簡單實用的方法，例如：專念觀世音菩薩，專念阿彌陀佛，你就能夠幫助自己又能夠幫助他人了。

在觀念上，佛法也提醒我們要知道：「我」的所有，都是暫時的，不是真實的；但「我」的因果，也是真的，不能逃避的。這個「我」，要用佛法來指導。雖然「無我」的觀念，可能在一時間不容易接受、不容易了解，但可慢慢地多閱讀一些師父寫的佛書，多聽多看一些我的錄音帶、錄影帶，日積月累，你就能夠想得開、用得上了。

法鼓是大家的，應當大家來敲

我是讀了很多書的人，但是我讀書不求甚解，看不懂的地方，我會覺得這些跟我沒有關係、用不到，可是早期我看書都是打破沙鍋問到底，為什麼會有這樣的轉變呢？實在是想不通、看不懂的太多了。有一次，我寫信請問一位老法師許多問題，他不回我的信，我就當面去請教他，他說：「我知道你會來。」我說：「今天您老一定會告訴我囉！」他回答說：「我告訴你：我不會跟你講！」我說：「那使我好失望喲！」他說：「你不要失望，我年輕時也是這樣，所以我今天成為老法師。我今天要是跟你講了，你明天還會來，我今天解答你了這些問題，明天你另外又有許多問題，解答不完的。如果今天我沒有跟你講，你自己會解決問題的，看多了以後，問題就解決了；如果你沒有看得太多，沒有想得太多，那也根本不會有問題。」就這樣子，我那些問題就變成沒有問題了。好的佛書要多看，不過，好讀書不鑽牛角尖，這是最會看書的人了。

好多人、好多地方，現在都等著法鼓山趕快派人去弘法上課，我說：「阿彌陀佛！我們的出家弟子不多，法鼓山的各部門，現在自己就缺少人上課，可謂青黃不接，我們怎麼還能有人派出外去上課呢？」唯有將每個需要佛法的人都訓練成為弘法的人才，那才是最可靠的辦法，否則的話，今天為你們開授基本佛法的課程，明天你們就要求中級佛法，後天要高級佛法，結果，我必須到處要辦佛學研究所了，這可能嗎？辦不到的。因此，我把一面法鼓交給大家，你們自己敲，多看多聽多修學，就能自己來接受法鼓山的理念，自己來一點一滴地傳播佛法。

修學佛法，撒網撈魚

既然我們的目的是修學佛法、弘揚佛法、護持佛法，因此，不要本末倒置，光是為了募款而募款。如果為了募款而募款，一旦遇到挫折，也會失望退心；如果是為了修學佛法、弘揚佛法、護持佛法，那就募款多也好，募款少也好，只要能以利人助人之心接觸到更多的人，就會覺得很歡喜。諸位能以勸募的因緣，與更多的人廣結佛緣，宣揚法鼓山的理念，稱讚信佛學佛的利益，人家願意認同護持，當然非常地好，否則，只要能夠以佛法的原因多跟他人接觸，就已在把法鼓山的理念推廣了，你的功德也在增長了。

諸位做勸募會員，好像漁夫在海中撒網撈魚，撒了網，不一定就能撈到魚，縱然你去撒網，卻有另外的人搶去收網捉魚，也不用計較，只要盡心盡力就好。

佛法這麼好，知道的人這麼少

我常常講：「佛法這麼好，為什麼知道的人這麼少？」就是因為學法、弘法、護法的人太少了。我曾說過一個比喻：自己吃到了一樣好吃的東西，若不告訴人家，就是自私。自己吃到了好吃的東西，希望人家也能吃得到，便是慈悲。我在讀小學時，我的三哥從上海帶回家來一串香蕉，這是有生以來初見香蕉，我也分到一條，吃了一口覺得太好吃了，便帶到學校，給好多位同學，爭著一人一小口地吃完了，當時我的心裡比什麼都高興了。勸募會員，也應該有這樣的體驗才好。否則，知道佛法的人，永遠也不會多起來的。

最近，我領著我的出家弟子在山上禪修三天，稱為「常住眾菩薩營」，三天之後，有一個沙彌，流著眼淚懷著感恩的心談其心得，講完之後，他又補充了一句說：「在菩薩營中，我看到進步最多的人，是我們的師父。」唉！我讓他一講，真是覺得慚愧。因為以往他見到的師父，相當嚴肅，是把他們當作弟子來照顧的。那次我稱他們是菩薩，而把自己視作眾生，把關懷弟子的工作，視為菩薩成就我的福德智慧，所以我的態度謙虛，他們受到尊重，他們體驗到了我對他們的慈悲，無怨無悔地全心全力地付出，而且還要對他們說：「這是我應做的事，慚愧我的福德智慧不足，所以未能使你們成長得更快一些！」因此，那位沙彌說，我在那次菩薩營中進步最多。像這樣的體驗，也是可以讓諸位勸募會員來共同分享的，那就是說：謙虛心和慚愧心，能使自己成長，能讓他人感動，也能使得更多的人願意接受佛法、修學佛法、弘揚佛法、護持佛法。

（一九九二年三月八日講於桃園組小組長聯誼，刊於《法鼓》雜誌三十三期，一九九五年五月二十八日於美國紐約東初禪寺重新改寫，原收錄於法鼓山小叢刊《法鼓山的方向》）

敲響慈悲和智慧的法鼓

正統的佛教，應該具備的第一個條件，是以三寶為中心。三寶是什麼？大家都知道是佛、法、僧。

佛在人間的歷史上，是創建佛教的釋迦牟尼，他是人格的完成者，智慧和慈悲的圓滿者。

而我們對佛的皈信是因為以他所教化的法為指導，並敬仰崇敬他偉大的慈悲和無限的智慧。我們學習他的慈悲，才能成為一位菩薩，學習他的智慧，才能離煩惱。要學習佛陀無我的精神，才能有智慧。也就是說，我們對佛的皈信是為了修學佛法而得智慧。向誰修學佛法？是向清淨的僧寶，修學無垢的佛法。

那麼，佛是不是還在我們這世間呢？在！在哪裡？是在當我們運用到佛法、體驗到佛的精神時，佛就在那裡。因此，佛在我們的心中。

這麼說來，佛是不是有感應呢？當然有的。

信仰佛教，有三個層次。第一個層次是無我、無相的，卻是有慈悲及智慧的功能，佛不一定有個具體的形象，只要接觸到佛的慈悲和智慧，佛就在那裡。第二個層次，佛是創始、創建、創立佛教的釋迦牟尼，是我們的教主，是一位歷史人物，在二千五百多年前就已經涅槃了。第三個層次的佛是佛像，及對佛像的信仰、恭敬、供養、崇拜和佛號的稱歎。在對佛像的崇拜和佛號的稱歎時，就有感應的作用，譬如念阿彌陀佛得感應，生病時念阿彌陀佛，相信病情會有轉變，念藥師佛、釋迦佛、觀世音菩薩等，都會有感應。

那麼，這三種層次我們需要哪一種呢？三種都要。我們不能否定其中任何一種，譬如：我們平常沒有頭痛，也沒有耳聾，身體也沒有不舒服，念佛可以消除煩惱，可以讚佛的慈悲、智慧、功德，可以準備學佛、成佛。

如上所說，佛教徒可以有三等層次；一個人也可以具備這三種層次的佛教徒身分；也可以分別於不同的情況下，具有這三種不同層次的心態，得到這三種不同層次的利益。

那麼，法鼓山的精神是哪一個層次呢？三種都具足，而以第一種為最高目標。現在，諸位菩薩為什麼要來參加法鼓山的活動，加入法鼓山建設的行列呢？為的是要敲法鼓，敲的是佛、法、僧三寶的慈悲和智慧的法鼓。

（一九九二年九月二十一日講於第三屆法鼓傳薪，原收錄於法鼓山小叢刊《法鼓山的方向》）

我們在做「自度度人」的工作

諸位菩薩：今天非常歡喜見到大家。四月十九日從臺灣出發到加拿大的溫哥華，二十五日才回到紐約。經過長程的飛行，到溫哥華時又是相當忙碌，又受了一點風寒，再加上日夜顛倒，所以覺得很疲倦。像今天這樣的聚會，本來是安排我到紐澤西州跟大家見面，可是諸位體諒師父，省得麻煩我去外州跑一趟，同時也讓諸位到紐約禪中心來看看師父，會更增加一份道心和信心。同時，今天除了紐澤西州的菩薩外，也有很多紐約本地的菩薩們來參與。

我們學佛信佛的人，一開始就該要做「自度度人」的工作。法鼓山究竟怎樣在做自度度人的工作？將來又如何推動這項工作？我將它分成三點來說明：

（一）做為一個佛教徒、一個三寶弟子，一定是為修學佛法而來的。佛法是離苦得樂的方法。開始學佛時，也許什麼都不會，但是一定會念觀世音菩薩、阿彌陀佛。自己有了信心，念佛菩薩的聖號使自己及他人得到平安。

我講一個最近在臺灣發生的小故事給諸位分享：一位剛剛參與法鼓山護法會並且是皈依三寶不久的居士。有一天，他以正常行駛的方式從北投農禪寺駕車回家，他的車子卻被人家的車撞了，車子被撞還不算，撞人的車上，下來了三個氣勢洶洶的青年人，手上都拿了鐵棍，對這位居士說：「你下來，為什麼你把車子開到這個地方讓我撞，把我的車頭撞成這個樣子。」這位居士不知怎麼辦好，只有合起掌來，不斷地念著「阿彌陀佛」，三個青年一看，其中帶頭的說：「念阿彌陀佛的，讓他去吧！」結果放他一馬，走了。過了一陣子這位居士回到農禪寺，向大眾報告他的感應說：「如果沒有皈依三寶，不會念阿彌陀佛的話，不但車子被撞、人被打，還要賠償。」可見，這個世界，人人都有佛性，一聽到阿彌陀佛的佛號，心也會轉，只要會念一句佛號，也能「自度度人」。

佛法最簡單，人人都能懂，就是相信因果，如果能信因果，就不會做不負責任的事，遇到困難的時候，不僅會挑起責任來，也會努力地來為自己及他人設想。信了佛法的人，一定要相信佛菩薩隨時都會幫我們的忙。諸位聽說過嗎？皈依三寶的人，有三十六位善神輪流地在護持我們，這是一種信仰和一種力量，在平常也許沒什麼作用，可是，臨到我們發生困難、困擾、痛苦，不知如何來處理問題時，就會有用。人在世間上，就是從苦難和麻煩之中一步步走過來的，如果沒有佛教的信仰，煩惱、痛苦、折磨、阻礙，會非常地多，會有一種不知道向誰求救的無奈。但是，信了三寶的人，就要用「信心」來解決我們的問題。

相信因果，是理性的，有結果的事實，必有其原因，期望好的結果必須努力播種。相信佛菩薩、相信護法神的隨時保護我們，這是感性的。從理性和感性這兩個方向，幫助自己，也協助他人，本身就是自利利他、自度度人的菩薩行。

（二）法鼓山現在正在做著什麼樣自度度人的工作呢？就是推廣共勉語的

實用精神。

你們剛才已經念了二十句〈四眾佛子共勉語〉。共勉語裡邊「知恩報恩為先」，就是自度度人的菩薩行。修行菩薩道是對所有的人感恩、感謝，不管是幫助我們的人，甚至是打擊我們的人，都要感謝他，若對這個社會充滿了感激心，一定會做自度度人的工作，我們為了知恩報恩，就要對他人付出，為了要對他人付出，一定會努力於自我的提昇與充實。

共勉語中的「利人便是利己」，很多人不能領會到，心想：幫助別人，怎麼會就是利益自己呢？首先，我們必須承認，當做了一樁好事或者幫助他人解決了困難之後，對自己有一種自我肯定、自覺安慰、落實信心的感受。同時，當我們需要幫助他人時，如果能力不足，就會想辦法加強自我的鍛鍊，增長自我的知能，便能促使自己的成長，變得更快、更多、更加成熟了，那是不是利益了自己呢？

「盡心盡力第一，不爭你我多少」，許多人喜歡跟人家比較，把人比低了，使自己自大驕傲；把自己比低了，會失去自信心，而覺得窩囊、自卑。如果老是跟人家比長比短、比高比矮的人，這種人一定是經常生活在驕傲及自卑這兩種心態下，既沒有自我檢討的謙虛心，也沒有穩定的安全感和自信心。有一位非常聰明的青年人，從小學到大學，沒有遇到過對手，結果到外國跑了一圈，才發現山外還有山，天外還有天，人上還有人，在世界的各行各業中，比他高明的人多得很。所以，不要跟人家比較，只要盡自己的心力，做自己能做的事，學到什麼程度就到什麼程度，能夠成長到什麼程度就成長到什麼程度，不跟人家比成敗、得失、功名、利祿，只是盡自己的心力，努力地去做，是最可靠踏實的。經常做到盡自己的心力，不要跟他人爭多爭少；經常以自己的努力精進為第一，不要被他人的比較多少所左右。

「慈悲沒有敵人，智慧不起煩惱」，有慈悲心的話，不會跟家人或其他的任何人對立，但是一般人縱然面對夫妻、兒女、兄弟、父母都會各執一詞，惡言相向，這便是不慈悲。遇有問題發生，當用智慧來處理事，用慈悲來關懷人。若能這樣，家人相處一定和樂，跟他人相處一定和諧。

這是法鼓山正在推動的自度度人的工作，這也正是為什麼會有愈來愈多的人，願意認同法鼓山、參與法鼓山的動力。近兩年以來，我們的成長率，幾乎是百分之百，現在已有十四、五萬善信人士在護持法鼓山，原因就是運用自度度人的方法，既利益了自己又利益了他人，即使不太懂佛法或者不太了解佛法的人，也沒有關係，若把二十句共勉語念會了隨時應用，就能得益。還有其他的書籍及《法鼓》雜誌等做為補助讀物。另外，通過法鼓山會員自己組成的讀書會、座談會、聯誼會等種種形式和方法，來幫助每一位參與者解決各種各樣的問題。而我們特別強調要落實關懷，關懷自己、家人、會員乃至和我們原先沒有相識的人。把關懷的工作做好，便是自度度人。

（三）法鼓山未來要怎樣來做自度度人的工作呢？今年一九九四年度法鼓山護法會，要推出幾項活動：

1. 是勸募會員的研習營，在臺灣分地區、分梯次來舉辦。我鼓勵美國的勸募會員也盡可能回去參加。現在研習營的課程，以及說明會的資料，都在安排之中。這樣作法，對勸募會員、對社會、對世界的眾生，都會有好處。因為法鼓山的護法會，不僅僅是為了募款，募款只是一種方法。但是通過募款的組織、活動，能夠使得更多更多沒有信佛學佛的人，沒有真正認識佛法的人，來接觸正信的佛教，接受正確的佛法，讓佛法對他們提供受用不完的利益。

2. 去年（一九九三）我們推動的是心靈環保，心靈環保是用佛法的觀念和方法來救眾人的心。救人，一方面是給予吃飯、穿衣、房子、醫療等的支援，更要緊的尚要救濟人心，因為物質的援助只是救急難救一時，不能夠救普遍永久，也不能救社會的人心和風氣。所以法鼓山的自度度人，最主要的是要救人心，具體的工作使命，便是教育及關懷。教育不離開關懷，所以今年我們也在推動禮儀環保，我們要重視禮節、禮貌的宣導，包括日常生活人與人之間的語言、動作的禮貌。

3. 在禮儀及風俗的宣導方面，法鼓山在本年度將推出三項佛化的儀典：

(1)佛化的聯合奠祭。在臺灣，喪葬的時候，許多人家不僅用幾個中西鼓號樂隊，還有送喪的儀隊一排就是幾條街，吵吵鬧鬧，這是不文明的。佛化的喪葬是莊嚴隆重的佛事，對活人是一種教育、關懷；對亡者是滿心的追思、虔誠的薦福和無盡的安慰。

(2)佛化的聯合祝壽、慶生。從六十歲以上，過整數的壽星，如六十歲、七十歲、八十歲、九十歲、一百歲，以及超過百歲的人瑞壽星，請他們到農禪寺來過佛化的生日祝壽會，不鋪張、不殺生、不勞累。而且，能讓壽星們感覺到活得有意思，活得有希望，活得很有用，活得愈老愈光榮，而且是前途無限量，前程如錦繡，那便是佛法的鼓勵，佛道的展望。

(3)佛化的聯合婚禮。預定於今年十月二十二日，在臺灣農禪寺有一個聯合的佛化婚禮。因為佛化的祥和社會，當從佛化家庭做起，佛化婚禮便是佛化家庭的起點。我們安排得非常地好，充滿了和諧、喜悅、清新、人情味的溫馨。諸位之中，有兒女或兄弟姊妹要舉行婚禮的，歡迎到臺灣參加佛化婚禮。

4.在修行方面：我們提供了很多機會。現在在臺灣護法會的成員，除了能夠回到農禪寺打佛七、禪七，參加念佛、打坐、拜懺的共修之外，還有聽經、聽演講、朝山、助念。同時也鼓勵每個區域的一個個小組，每個小組由一個個的家庭提供各自住家的空間，做為討論佛法、念佛、打坐、聯誼聚會等共修的場所。所以，法鼓山的出現，使得許多人家成了佛化家庭，變成了佛堂、蓮社，這正是我在六年前所提倡的運動「戶戶蓮社，家家禪堂」。如果在同一個小組的成員中，有好多家庭的空間都可提供做為共修的場所，那就更好了，這個星期在你家，下個星期到他家，輪流在不同的家庭，做共修的活動，把每一個家庭的成員，也都帶著一起來參與共修。要尚未信佛的家人到寺院來打坐、念佛比較不容易。可是，如果在附近的鄰居家裡或自己家裡，讓他們一聽、一看、一參與，感覺上不錯，就容易認同而產生信心了。所以，我們的會員會愈來愈多，這也是原因之一，因為參加了念佛、打坐、聽佛法的人，想吵架也沒機會了，家庭的氣氛自然和諧了。

這些是法鼓山對社會的奉獻，也都是做的自度度人的工作。

（一九九四年四月二十九日接見美東地區法鼓山護法會會員時之開示，講於美國紐約東初禪寺，姚世莊居士錄音整理，刊於《法鼓》雜誌五十七、五十八期）

法鼓山的教育事業

釋迦牟尼佛是最偉大的教育家

釋迦佛的教育目的，是淨化人心、淨化社會、淨化世間。以無我的智慧解脫一切煩惱，以平等的慈悲救度一切眾生。

釋迦佛的教化，是以人間為主要對象。有教無類，隨機說法，普遍施予恰到好處、適如其分的言教及身教。言教是大、小乘經論，身教是戒律和威儀。

法鼓山是國際佛教的重鎮

法鼓山沒有宗派的門戶之見。弘揚護持正知、正見、正信、正行的正統大乘佛法，目前我們的中華佛學研究所，各有專長的僧俗學者，來自世界各國，分別教授印度的梵文佛學、南傳上座部的巴利文佛學、西藏傳的藏文佛學、研究性的日文佛學及英文佛學、漢民族傳承的漢文佛學。目前我們的農禪寺重視戒律為學佛的基礎，弘揚禪宗的臨濟及曹洞兩家宗風，禪期、禪訓等禪修的教學指導，遍及全省，乃至美洲及歐洲。提倡淨土念佛法門及臨終關懷等助念共修，也遍及國內外。

法鼓山提倡的是全面的佛教教育。僧團教育分為著重律儀、踏實禪修、弘講著述、管理經營的四部分。在家信眾的教育分為禪坐、念佛、讀經、弘講、指導禪修念佛等人才的普遍培養。

法鼓山的理念，在於「提昇人的品質，建設人間淨土」。故於近五年來向社會呼籲「心靈環保」，本年度（一九九四）倡導「禮儀環保」，均已受到國內朝野各階層的重視和響應。不僅有了佛教界的共鳴，也有了社會各界的認同。我們法鼓山不論做什麼活動，或者出錢，或者出力，都是為了拋磚引玉的教育作用。

法鼓山的教育事業分為三大項目：

（一）大學院教育：包括現有的佛學研究所及即將開辦的人文社會大學。如果我們佛教不辦正式的大學，便會被社會淘汰。

（二）大普化教育：包括坐禪、念佛、講經、出版佛學書刊及錄音帶、錄影帶，同時也有電台、電視的弘法節目。

（三）大關懷教育：對於信眾之間的相互關懷、慰勉，甘露門的疑難解答，貧病救濟、戒毒運動的支援，野狗、野鳥等保護及保育，自然生態的環境保護等。

法鼓山的承先啟後

一九八九年成立法鼓山護法會以來，由於大家認同我們的理念，也由於楊正會長、賴燕雪等副會長的護持，以及各位熱心菩薩的推動，現在已成長到十六萬人。自今天起，在新任會長陳嘉男及副會長郭超星、王景益的擘畫下，我們將進入一個新的階段，下年度，我們要落實關懷及落實教育，使每一位會員，都能達到以佛法來安心、安身、安家、安業的目的，同時為法鼓山的理念，來做更多的護法工作。

今日的社會人心，需要法鼓山來弘揚正信正統的佛法；法鼓山需要你們諸位菩薩的護法，聖嚴師父需要你們諸位菩薩們的護法；你們諸位菩薩也需要法鼓山的理念，你們諸位菩薩也需要聖嚴師父來指導佛法的修行。祝福諸位菩薩福慧自在，也請諸位菩薩將法鼓山的理念以及聖嚴師父的祝福，帶回家去，代我向所有有緣的諸上善人問候、祝福和勸勉。

（一九九四年十月二日講於板橋體育館護法信眾聯誼大會，刊於《法鼓》雜誌五十八期）

法鼓山的共識

建立清新健康的形象

法鼓山的共識，有四條共八句，現就其建立形象的功能，簡述如下。

法鼓山的弘化理念，是：「提昇人的品質，建設人間淨土。」多年來，我們都在致力於心靈環保及禮儀環保的運動，因此獲得各界人士的讚美和參與。故當你在加入勸募工作之後，即應珍惜保護此一清新健康的形象，除了慈心不欺，尚應盡力避免再有酗酒、菸毒、嫖賭、嚼檳榔等的不良嗜好。

法鼓山的弘化精神，是：「奉獻我們自己，成就社會大眾。」認同參與的，是來自各行、各業、各層面、各政黨的人士。我們對於世道人心的安危，對於國家社會的治亂，非常關心。故對各級代表議士及各級行政首長的選舉，鼓勵大家，踴躍投票，選出與各人政治理念相應的賢能之士；或者以個人身分，參加競選與助選，來奉獻自己，成就社會。但是為了避免立場的同異之爭，影響會員之間的和諧氣氛，以致造成分裂的危機，任何人不能運用法鼓山的組織體系，做競選、參選、助選等活動。

法鼓山的弘化方針，是：「回歸佛陀本懷，推動世界淨化。」我們的目標任務極多，我們的人力、物力有限，為了帶動社會風氣的淨化，我們要學習、要關懷、要推動的相關項目，已經夠多夠忙，所以除了全力響應我們主動計畫中的各項工作，應當盡量婉謝其他方面的要求參與，以免力量分散，徒勞無功。法鼓山的宗旨，是要使得更多更多的各界人士，能夠早日分享到應用佛法的利益。因此，唯有以修學佛法、弘揚佛法、護持三寶，來淨化社會、淨化人心，才是法鼓山的基本方針。

法鼓山的弘化方法，是：「提倡全面教育，落實整體關懷。」故在做著淨化人心、淨化社會以及提倡建設佛化家庭的工作，因此而被各界人士肯定為清淨溫馨和樂的佛教團體。成為我們的會員之後，應當要自我成長，自我消融；要彼此關懷，互相照顧。但為避免各種可能的困擾，任何人不可利用法鼓山的組織管道，致力於商業經營、政治訴求、金錢借貸、男女苟且等的活動。由於法鼓山的僧俗四眾，都是在全面教育與整體關懷的照顧下，做著自利及尤重於利他的萬行菩薩，為了避免世俗習氣的汙染，不可要求以名位權勢錢財等，做為奉獻護持的酬庸。

（此節寫於一九九五年五月二十八日美國紐約東初禪寺）

認識淨化人間的工作

今年（一九九三）八月三日法鼓山護法會勸募會員聯誼會、八月十日的臺中勸募會員聯誼會，以及八月二十三日、二十四日、二十五日的「法鼓傳薪」活動上，我都談及了法鼓山的理念、精神、方針和方法。其短短的八句話，就是法鼓山的共識，會員們也可以從這段開示的咀嚼中，在很短的時間內，就能對法鼓山所做淨化人間的工作，有所認識。換句話說，法鼓山共有四項共識，第一項為理念，第二項為精神，第三項為方針，第四項為方法，而每一項皆有兩句話勾勒出其意義。

法鼓山的理念——提昇人的品質，建設人間淨土

人的品質是指人的品格、品德和品質，在經過了教育的熏陶和社會的歷練後，人品會有所改變，這就是提昇人的品質。要提昇人的品質，則應先從自己開始，進而再幫助他人提昇他人的品質，以種種恰到好處的方式來幫助人，使得共同生活在我們環境裡的每一個人，都能夠得到利益。

同樣地，建設人間淨土，也要從每一個人建起。在平凡和歷練中奮力向上，一邊建立自己，同時進而推廣到周遭環境裡的他人，讓他們都能夠得到佛法的滋潤，接受佛法的因果觀念，體會佛法對人間很有用，也來認同佛教，修

學佛法。

重點：1.提昇人的品質，必須先從自己開始，再推廣至周遭的人。2.人品包括品德、品格和品質。

法鼓山的精神——奉獻我們自己，成就社會大眾

現今社會混亂、人心險惡，是由於大多數人的自私自利，缺乏抱有這種「奉獻自己，成就大眾」精神的人。如果人人都想成就自己，不想奉獻，社會將會是你爭我奪的一片亂象，好比一碗飯大家搶著吃，那麼，大家也就沒有足夠的飯食可吃了。但是，如果能夠奉獻自己，成就別人，則人人都能更好，自己相對地也更好，人人都能獲得利益，自己本身也能受益。

此外，「奉獻」和「犧牲」之間也是有所不同的。「奉獻」表示我們已有且擁有，而有能力成就他人，例如法鼓山的二十句〈四眾佛子共勉語〉，一定是自己先有所了解，才能介紹給別人聽；但「犧牲」則是說有所捐捨，捐捨之

後自己便沒有了。

重點：「奉獻」和「犧牲」不一樣，奉獻係指已擁有後再付出，包括時間、金錢及智慧。犧牲則是捐捨後自己便沒了。

法鼓山的方針——回歸佛陀本懷，推動世界淨化

佛陀的本懷是以慈悲為懷，我們稱佛陀為大慈悲父，是世界上最慈悲的人。因此，「回歸佛陀的本懷」是希望能成為佛陀的化身，不僅希望自己發揚佛陀慈悲的精神，也希望世界所有的人都能學習佛陀的慈悲和智慧的精神；同時也希望凡是有人煙的地方，也都能夠建設為人間淨土。因此，淨化人間的活動，要廣布全世界，而這份工作，則首先從本土開始，從每一個人的自心做起。

曾經有勸募會員提到，在她加入勸募工作的行列之後，提高了她本身的品質。這是因為她已先體會到佛法對她本身的利益，才能讓他人也心生感動而接

受佛法。並且當你在推動勸募的同時，為了能使別人更清楚明白佛理，你就會更努力於學習佛法。

一方面學佛，另一方面也告訴人家學佛，這即是在推動淨化人心，淨化社會的工作。

重點：1.佛陀本懷就是慈悲和智慧的精神，我們是要學習及發揚這二種精神。2.先從自己開始學習起，再拓展至其他的人、其他的地方，乃至全世界。

法鼓山的方法——提倡全面教育，落實整體關懷

雖然佛教有愈來愈盛的景象，但到今天猶有絕對多數的人未能聽聞正確的佛法。因此，必須興辦教育以培養弘法人才，接引大眾學佛。而佛教的弘法人才是有層次的：例如有些老師專門教導小學生，有些老師則從事於中學、大專或研究所程度的教育。另外還有些人可以專精於高深哲理的研究。各層次的人才，都必須有計畫性地培養，才能在社會上各階層而全面化地弘法，所以，法

鼓山的建設，也將興辦各種層次的教育，培育各種層次的人才。

其課程的設計，有長程、中程、短程；人才的培育法，有長期、中期、短期的分別，也有函授部的設立，從兒童教育到研究所的高深教育，都包含在內，除了培育僧寶人才，也能培養在家弟子，讓四眾佛子都能參與弘法利生的工作。此外，法鼓山也將興辦佛教的修行教育，例如：朝山、拜懺、念佛、助念、打坐等等是修行，也是教育；而吃飯、睡覺、談話的威儀也屬於教育範疇之一。參加護法會、聽開示也都是教育的一種。接觸法鼓山會員，將法鼓山的理念精神告訴別人，這也是教育。因此，凡是法鼓山的參與者，現在就是教育家，也是在接受教育的人。將來每個有志願的人，都有機會接受到法鼓山各種層次的教育。

事實上，教育與關懷，是一體的兩面，教育的功能便是關懷。至於為什麼要辦教育，這是因為現今社會上有人需要佛法助其離苦得樂、獲得智慧、安全、健康。為了教育別人，自己一定也要受教育，達到教學相長的效果，可見這種方法非常好。

重點：1.全面性的教育是指各個層次的提昇人品、關懷人間的教育，內容則包括精神層面、學問層面、生活層面、工作層面等。2.每個人不僅都應該是教育家，也都應該是經常接受教育的人。

（此節原刊於一九九三年九月十五日《法鼓》雜誌二十一期，聖嚴法師口述，編輯室整理。本文原收錄於法鼓山小叢刊《法鼓山的方向》）

如何推動法鼓山的理念？

如果我們希望得到別人的認同，自己的本身就要往多方面去設想、努力。目前我們的人力有限，所能做的事也只有在一定的範圍。我們不希望虛張聲勢，或只是做一些表面看似不錯，而實質上沒有對社會產生淨化功能的活動。因此，踏實穩健地為現有的信徒、會員、社會大眾，舉辦一些能夠從佛法獲得實際利益的活動，則是我們當前的工作重點。

至於該如何做？主要以分層次、分區域、分階段的三個方向來進行。如果要求聖嚴師父，親自關懷每一個人，這是不可能做到的，但是透過現代化的媒體設備和組織系統，就容易許多。除了可從我的著作、錄音帶、錄影帶、小冊子等，接受我所傳播的佛法關懷之外，我們曾舉辦過「法鼓傳薪」、「研習營」、「成長營」、「園遊會」、「清潔日」等活動，以這種方式，使熱心護法大德們，了解到法鼓山的理念、精神、方針、方法，然後再經由他們，將這些好處，輾轉傳遞給更多其他願意接受佛法的人群。

佛法是世間的明燈，如果僅有一盞燈，便無法照亮世間所有的人，若是能將一盞一盞藏在世人心中的燈點亮，則可照亮世間一切的人了。所以僅靠我一個人的一盞燈，力量是非常有限的，使得每個有緣的人都點亮每一盞明燈之時，所能發揮的力量，便成為無限了。目前我們法鼓山正在推動，就是要把一盞一盞儲滿了功德油的心燈點亮，讓大家發射出智慧和慈悲的光明，來照破世間的黑暗，提供人間的溫暖。

人在生命過程中，可能只要有一、兩句非常受用的話，就會改變一生的命運，而這一、兩句話，也許就是非常簡單平實的普通話。原始的佛法也是如此地簡易平實，人人一聽就懂，一懂就會用，一用就得益。但在經過長時間的流傳，加上了歷史的時代背景以及各地區的文化背景，便形成了大、小乘各家不同的思想理論，反而將佛法變成學問化了，漸漸地變成了被囤積到圖書館裡的研究資料。然而真正的佛法並不是那麼困難，而是聽到以後就能夠受用的。我把它們經過消化，以智慧及慈悲做總綱，然後融入於八句共識及二十句共勉語中，同時用法鼓山的山徽，涵攝一切大、小乘的佛法。具體的作法是通過心靈環保及禮儀環保的宣導與推動，來淨化人心、淨化社會，協助大家達成安身、安心、安家、安業的目的。

因此，當我們知道一、兩句對自己有幫助的佛法時，將它轉告別人，這就是法鼓山的鼓手，在弘揚佛法，普度眾生。將我們已知道的，而且確定它是對人有用的佛法，再告訴另一個人，就是在敲法鼓的鼓手。我曾做比喻：法鼓山的理念，像是一座電視、電台的發射塔，全體的會員以及凡已認同接受了法鼓山理念的人士，都是一個一個的轉播站；我們能夠以這樣的方式來推動佛法，當然應該相信，人心的淨化，社會的淨化，就靠我們來共同努力。

（一九九五年五月二十八日寫於美國紐約，原收錄於法鼓山小叢刊《法鼓山的方向》）

我們的使命

「佛法這麼好，知道的人這麼少，誤解的人這麼多。」這是我數十年來經常說的沉痛話，也是我數十年來苦學苦修矢志弘揚佛法的原因所在。法鼓山的籌建，便是為了承擔起這項重大的使命。

人類在近五十年來的物質生活，已經改善很多，但在豐衣足食之後的人類，並沒有感覺到比五十年前更快樂。

其實是，物質愈豐富，人心愈空虛，欲望無止境，貪婪不已的結果，乃為我們的生存環境，帶來更多的恐懼、憂慮、焦躁、混亂、不安。人的身心不安、家庭不安、工作不安，社會豈能有安寧之日。

佛法是淨化社會人心的良劑

今日的有識之士，都已經了解到，要想安定人心、安定社會，已不是光靠政治制度、法令規章及社會設施所能為力。因為挽救社會風氣，必先挽救人心，挽救人心的根本方法，便是提供大家最好的安心之道，那就是用佛法來淨化人心、淨化社會。

佛法能從信仰諸佛菩薩及信仰護法善神的層面，讓人有受到呵護保佑而免於危險無助的恐懼。

佛法能從信仰因果報應及信仰因緣聚散的層面，讓人有面對現實、接受現實的責任感，也讓人有惜緣惜福、努力不懈的使命感，更能讓人有洞察世態、心胸豁達的超越感。

佛法能從增長智慧及增長慈悲的層面，讓人不受環境影響，不起煩惱無明，不計利害得失，不爭你我多少；但求知恩報恩，但求盡心盡力。所以我曾用「慈悲沒有敵人，智慧不起煩惱」的兩句話來勉勵四眾佛子。

佛法是挽救人心、挽救社會的根本之道。

可惜接受正信、正行、正知、正見及正統佛法的人，還是很少，誤解佛法以及將似是而非的外道法當作佛法的人，還是很多，不知佛法、不信佛法、拒絕佛法的世界人口比例，則更多更高，原因是，修學正確的佛法而又能弘揚正信的佛教者，人數太少。

所謂百年樹人，必須在理論的慧學及實踐的戒學與定學等三方面，都已打下了堅固的基礎，才能勝任弘法利生、化導社會的工作。

兼具整體佛教與全民教育

我們籌建法鼓山的目的，便是在於大量培養弘揚佛法的人才。朝向高深與普及的兩個方向，努力培養佛教的人才。不能成為專業專職的弘法人才，至少也是普及基層的弘法人才。今天出席大會的諸位善知識，已經在分別負起這兩類弘法工作的任務，但是我們的人數還嫌太少，我們對於戒、定、慧三無漏學的修為還太少，我們對於戒、定、慧三無漏學的修為還是很淺，對於社會人心的影響力還是很弱。

法鼓山是屬於整體佛教的，也是屬於全民教育的一個地方，法鼓山不是一座普通的寺院，而是涵括了學校與提昇人品的修行中心；法鼓山不僅是臺灣的，也是國際的，不但關注現在，更要放眼未來。所以，法鼓山的硬體設備分為三期：第一期工程，是中華佛學研究所的興建；第二期工程，是法鼓人文社會學院的創建；第三期工程，是法鼓禪寺的興建。因此，法鼓山完成後，將能發揮教育、研究、弘法的功能，也為一般信眾提供一個修學佛法、淨化身心的良好環境，以及休假時或退休後的修行、安養的場所。此外，更重要的意義是，我們法鼓山將以佛法的信仰及佛教的精神，培養人文社會科系及研究所的青年人才，一方面，增強弘法人才服務社會的知能，另一方面，也培養一般青年能以佛法的智慧及慈悲，服務社會，淨化社會。

諸位菩薩善知識，今日的社會人心，需要用佛法來挽救；今日的弘法人才，需要我們的法鼓山來培養；今日的法鼓山，需要期待更多更多的人士來參與護持；今日出席代表大會的諸位菩薩善知識，代表著法鼓山海內外二十萬位信眾的信心和悲願。為了挽救人心、挽救社會，祈願三寶加被，以我們共同努力的功德，迴向給我們的社會大眾，平安、幸福、健康、快樂、溫暖、光明。

（一九九五年八月十日寫於北投農禪寺，刊於《一九九五年信眾代表大會節目手冊》）

法鼓山的鐘聲

諸位法鼓山的悅眾菩薩代表：大家好，阿彌陀佛。

先讓我們以至誠的感恩心，感恩本師釋迦牟尼佛，他以經歷長期艱苦的修行，證悟到無常、苦、空、無我的佛法真理，再以四十九年的遊化說法，給我們人間的苦海，留下了離苦的智慧和平等的慈悲。

再讓我們以懇切的感恩心，感恩歷代祖師一切先賢，他們以堅定不移的信心和悲願，修學佛法、護持佛法、弘揚佛法，為我們人間的社會，留下了佛、法、僧三寶，那就是救濟我們一切眾生的苦海慈航、萬世明燈。

也讓我們以崇高的感恩心，感恩我們自己的父母師長，歷劫怨親，乃至一切眾生，養育我們、教導我們，從各種角度，以逆緣和順緣的方式，來幫助我們、支持我們，使我們更加堅強，使我們不斷地成長。

更要讓我們以殷重的感恩心，感恩國內外法鼓山的全體悅眾菩薩、護法信眾，在以三寶為中心的努力運作之下，不論對個人對社會，依據我們的理念，奉獻我們的服務，以教育的方法完成關懷的任務，用關懷的行動從事教育的工作，已經有了影響深遠的成效，獲得了各界人士的肯定，所以，也鞏固了大家對法鼓山這個團體的向心和信心。我要代表法鼓山全體，向諸位僧俗四眾致敬、致謝！

以佛法關懷眾生

佛法的功能，是在為一切眾生的苦難服務。人間的生老病死，雖然是無法避免的自然現象，能夠面對生老病死，並且能夠在生老病死的過程之中，運用寶貴的生命，來做使得自己平安，也使他人平安的人，實在太少。原因是大多數的人，只知道追求富貴、追求名利、追求虛榮、追求愛情、追求自由、追求欲望的滿足、追求安全的保障，因此而形成人與人鬥，乃至人與天爭的矛盾衝突，苦不堪言。很少有人能夠體會到，人生的過程短暫，世間的現象無常，眾生的生命脆弱，世間的環境危險。慈悲的佛陀，老早告訴了我們：生死的事實是苦海，世間的環境如火宅。如果不能用慈悲和智慧的佛法來面對生老病死的現象，處理水深火熱的環境，我們就永遠沉淪於生死的苦海之中，受困於三界的火宅之內；如果能夠用慈悲和智慧的佛法，來教育我們自己，來關懷一切眾生，面對生老病死的事實，接受生老病死的現象，處理天災人禍的問題，就能夠真正從生老病死等的苦難，以及天變地動等的恐怖，得到解脫。那就是我經常用來勉勵自己也勉勵他人的一個咒語，一個十二字的真言：面對它，接受它，處理它，放下它。

佛法的作用，不是魔術，不是迷信，不是主觀意識的自我麻醉，不是借助於怪力亂神的宗教手段，也不是訴之於譁眾取寵的群眾活動。佛法是幫助人間、化解苦難的觀念和方法，是幫助人類淨化身心以及淨化社會的觀念和方法，是幫助我們增長慈悲與開發智慧的觀念及方法。只有佛法才能幫助我們，從茫茫的苦海，回頭上岸；從漫漫的黑夜，見到光明。

法鼓山的三大教育

我們法鼓山，是一個正統的、正確的、正信的、正知正見正行的佛教團體。也就是說，我們是以正統正確正信的佛法，來自利利他的佛教團體。什麼是正統正確正信的佛法？我們有釋迦世尊以來代代相傳的法統傳承；我們確信因果實有，所以必須斷惡行善；理解緣起性空，所以當知無常無我；我們都以佛、法、僧三寶為皈依處，都是三寶弟子，人人平等、互相尊重、彼此幫助，大家都是修學佛法的同學同行菩薩伴侶，我們之間沒有神格化的個人崇拜，甚至我將你們諸位當作我的善知識，當作我的大恩人。因為正信的佛教，便是教人感恩和報恩的宗教。不論你們對於護持三寶、幫助他人的功德做了多少，我都以我的全部身心感恩你們每一個人。佛法教導我們，唯有發願向上報恩，才會發願救濟眾生；並且要以感恩報恩的立場，來做慈悲濟世的工作。我常常以此自勉，也願以此勉勵大家。

我們法鼓山的團體，如何運用正統、正確、正信的佛法，來做自利利他和感恩報恩的工作呢？那就是三大教育：

（一）大學院教育：我們以創辦佛學研究所及法鼓山大學、舉辦國際佛學會議等，培育青年成為品學兼優、悲智雙修、合乎國際水準的領袖人才。

（二）大普化教育：我們以舉辦禪七、佛七、朝山、禮懺、禪坐、念佛、傳戒、誦戒、讀經、讀書會，以及兒童營、青少年營、各級教師營、各種成長營、社會菁英禪修營、佛學講座、生活講座、佛學推廣等共修活動，還有出版佛學叢書，發行佛學期刊雜誌，成就有緣的大眾共同來做淨化人心、淨化社會的工作。

（三）大關懷教育：我們以倡導環保清潔日、使用環保餐具、環保購物袋、舉辦大型的環保園遊會，同時改良禮俗，推行禮儀環保，舉行佛化青年成年禮、佛化聯合結婚禮、佛化聯合祝壽禮、臨終前後的助念佛號、開示佛法，乃至鼓勵為往生的民眾參加佛化聯合奠祭禮等。每一項活動，都編訂了手冊，以便形成風氣，普遍推廣，使得大家能從入胎開始，直到生命終了，都是沐浴在接受關懷、接受教育的環境之中，同時也在終身做著成長自己、關懷他人的教育工作。

（一九九七年講於法鼓山年會，刊於《法鼓》雜誌九十四期）

繼往開來

法鼓山的諸位會員菩薩，我很感謝你們，多年以來對於法鼓山理念的認同和推動，使得社會各界，都會讚美法鼓山對於當今社會所做的各項貢獻，所以，我以能夠得到你們諸位會員菩薩的護持為光榮；我也相信，你們都以能夠身為法鼓山的會員為光榮。

與大家分享榮耀

多年以來，法鼓山的社會運動，是先後以〈四眾佛子共勉語〉為基礎，推出「四環」及「四安」，來貫徹和落實我們的理念，完成我們的共識。因此，使我們的團體，博得許多的榮譽和掌聲，也使我個人被視為當代社會的啟蒙者之一，今年（一九九八）曾被《天下》雜誌的讀者群，票選為四百年來，對於臺灣社會最具影響力的五十個人之一；這是由於你們的共同努力，我要把這一份榮耀，奉獻給你們。

現在請你們一同念一次：我們的兩句理念是什麼？「提昇人的品質，建設人間淨土。」四環是什麼？「心靈環保、禮儀環保、生活環保、自然環保。」四安是什麼？「安心、安身、安家、安業。」八句共識是什麼？「我們的理念：提昇人的品質，建設人間淨土。我們的精神：奉獻我們自己，成就社會大眾。我們的方針：回歸佛陀本懷，推動世界淨化。我們的方法：提倡全面教育，落實整體關懷。」謝謝諸位，我們應當即知即行，解行相應。

今年五月三日，我們法鼓山的美國分會，與紐約西藏之家，在紐約市的玫瑰廣場，共同主辦了一場我與第十四世達賴喇嘛，世紀性的漢藏佛學大對談，不僅是當代世界佛教界的一大盛事，也是在漢、藏兩系佛教史上的一項創舉。

引起國內外各大媒體的大篇幅報導和讚揚。相信你們諸位都看到了，是不是也分享到了歡喜呢？那不是辯論，而是基於相互尊重、彼此學習的原則，達成存異求同的共識，面對著數千位東、西方聽眾，在充滿了法喜和禪悅的氣氛中，交換了彼此所認知的佛法，竟然是有那麼多共同點的默契。當我介紹了法鼓山的理念時，達賴喇嘛便特別感到有興趣，所以，他當眾贊同我們，也祝願我們：建設人間淨土的理念，推廣成功。

可見，德不孤，必有鄰，法鼓山的理念，不僅你們諸位認同，連達賴喇嘛也認同；不僅在漢文化中受到認同，在西藏文化中也被認同；不僅臺灣社會需要，整個人類世界都需要；不僅現代的社會需要，永遠的未來社會都需要。這是我聖嚴的信心和願心。我也相信，這個理念，永遠都會有人普遍地推行。

全面推廣三大教育

我們如何來推動法鼓山的理念？那就是法鼓山的共識中的「方法」：以

「提倡全面教育」，來「落實整體關懷」。什麼是全面教育？分作三個重點，稱為「三大教育」：

（一）大學院教育。分作兩個層面：

1. 創辦法鼓大學、中華佛學研究所。前者是以淨化人心、淨化社會的佛教精神，培養提昇人的品質、建設人間淨土的各項專業性的領導人才；後者是以優良的佛學研究環境，培養以及儲蓄高水準的佛學研究人才，來帶動國內外的學術界及知識分子，重視佛學，尊重佛教，影響二十一世紀的人類世界，認同和接受提昇人的品質、建設人間淨土的大趨勢。

我們又結合這兩股師資的力量，一方面提供機會給優秀的出家僧眾，奠定大學院教育的基礎，另一方面從今年起，也成立了相當於研究所及大學程度的佛學推廣教育中心，將來也計畫成立空中教學的佛學函授部。你們諸位菩薩，以及你們的子女，也都有機會成為法鼓山這個層面的學生和老師。

2. 創辦法鼓山佛學院，是提供未來養成宗教專業人才的設施，凡是有志願從事佛教的宗教教育、宗教文化、修行指導、法務推動及宗教事務工作的僧俗四眾，都有機會成為佛學院的學員生及教職員。法鼓山在臺北縣金山鄉的軟硬體建設，不僅是以臺灣全民為服務的主要對象，也以未來地球世界的全人類為服務對象，所以是一座具有國際願景的世界佛教教育園區。

（二）大普化教育。分作多重層面：

1. 運用傳統佛教的各種修行活動，賦予大普化的使命及教育的功能，例如禪坐、念佛、禮懺、祈福法會、齋戒會、菩薩戒會、講經以及清明、中元的超度法會等共修活動，都能使參與者熏聞佛法、體驗佛法，藉以推廣法鼓山的理念。

2. 運用現代文化的各式活動，賦予教育的功能，例如出版佛學書刊，舉辦園遊會、義賣會、展覽會，推展合唱團、義工團、讀書會、研討會、書畫、茶藝、插花、摺紙工藝、廚藝、球隊、讀經班、鈔經班等活動，使得參與者都能在奉獻及活動的過程之中，接受佛法的智慧，增長生活的趣味，陶冶出合群、和樂、積極，而又能尊重他人、體諒他人、協助他人，並向他人學習的謙虛精神；藉以提昇自己的人品，影響周遭的社會環境。所以，法鼓山的菩薩們，都應該是彬彬有禮的諸善知識，都是虛懷若谷的諸上善人；如果表現粗魯驕慢，我聖嚴師父就會受人指責，說我沒有教好，我們法鼓山的全體形象也會遭人批評，我們的理念也就不會被社會大眾所認同了，所以，我要懇求諸位菩薩，我們必須警惕，必須努力。

（三）大關懷教育。廣義地說，我們是以關懷完成教育的功能，又以教育達成關懷的任務。所以可說，法鼓山的三大教育，都是關懷教育，我們是以安心、安身、安家、家業的四安，又用心靈環保、禮儀環保、生活環保、自然環保的四環，來推動大關懷教育。

若從狹義地說，我們對於人類的一生，從初受孕即開始的胎教，到死亡時的臨終關懷及往生關懷之間，各階段各層面的關懷，稱為大關懷教育。我們現在已經做的，例如有：皈依弟子的關懷、婚前教育、聯合婚禮、兒童班、兒童學佛營、國中及高中少年學佛營、大專青年佛學營及學佛營、成年禮、聯合祝壽、聯合奠祭、臨終及死亡關懷的助念團等。這些活動，我們做得非常成功，諸位菩薩，我要在此感謝大家；也要在此勉勵大家，不能自滿，應當好中更好，精益求精。另有即將推展的，則是急難病喪等的慰訪隊及親子學佛營等。大關懷教育的任何一個環節，都是為了實現法鼓山的理念。

回歸佛陀本懷實現理念

以上所說法鼓山的三大教育，多半已在進行，尚有若干項目，要待法鼓山的硬體工程完成之後，才得以實現，例如法鼓大學；有的項目，也要待硬體工程完成之後，才得以加強，例如佛學院、大禪堂及大講堂等。相信諸位菩薩已經知道，法鼓山的第一期工程，經過八年的努力，終於在今年八月，有四張建築許可，已經開工了；另有四張建築執照，本年度內也將向政府取得。預定於西元二千年，就可請你們到法鼓山的新建築物中，參加各項修行活動了。

法鼓山這個團體，是屬於僧俗四眾共同所有的大家庭，出家二眾，是為續佛慧命，並對廣大信眾的服務和奉獻，而修學佛法；在家二眾，是為修學佛法而對三寶做布施及護持。大家都是為了修學佛法、護持佛法、弘揚佛法的目的，團結在法鼓山理念的寶蓋之下，養育在法鼓山共識的蓮花池中。因此，不論世間的狀況，如何地危險和混亂，我們運用佛法所體驗的內心世界，是安寧的，我們運用佛法所體驗的生活環境，是祥和的。我們的「人間淨土」，絕對不是空想和夢想，只要體驗佛法的慈悲，運用佛法的智慧，乃至短到僅僅於一念之間，你這一念就能見到當前的環境，即是淨土。

法鼓山的理念，雖是由我聖嚴師父提倡出來，但也不是我的創見，那是我們佛教的教主釋迦牟尼世尊，出現在人間的悲願所在。當他發現，人類以及一切眾生，不論貧富貴賤，都不能免於內心的掙扎和面臨生離死別的苦惱，問題不在於環境的好壞或身體的強弱，乃是由於觀念的顛倒，主要是貪欲、瞋怨、愚癡的三種心理因素在作怪。因此佛陀勸勉大家，當以布施和喜捨來戒除貪欲的煩惱，當以慈悲和忍辱來對治瞋怨的煩惱，當以因緣法和因果法的智慧來解脫愚癡的煩惱，當以禪定和精進的力量來澄清散亂和不安的煩惱。如果照著去實踐，就能斷除煩惱，若能斷除煩惱，就等於是處在佛國淨土了。這就是全部佛法的精華。我們法鼓山的方針，是「回歸佛陀本懷，推動世界淨化」，也就是依據這個原則。我們推動的三大教育，也就是基於這個原則。

繼往開來，共同努力

至於人間淨土的理念，我是依據許多佛經佛語的綜合研究而提出來的，主要的有：1.《增一阿含經》說：「佛世尊皆出人間。」2.《四分律》有說佛陀初度五比丘，便叮嚀他們要分頭遊化人間。3.《維摩經》說：「隨其心淨，則佛土淨。」4.《大般若經》說「饒益眾生」，即是「嚴淨佛土」。5.《華嚴經》說：「初發心時，便成正覺。」6.《法華經》說：「若人散亂心，入於塔廟中，一稱南無佛，皆已成佛道。」7.《宗鏡錄》主張「一念成佛」之說：一念與佛的慈悲和智慧相應，此一念即已成佛；一念與佛相應，一念住於淨土，多念與佛相應，多念住於淨土，一人與佛相應，一人住於淨土，多人與佛相應，多人住於淨土，人人與佛相應，人人住於淨土。

我們法鼓山的鼓手們，經常會以共勉語中的「慈悲沒有敵人，智慧不起煩惱」來自勉勉人，豈不是經常都在練習著與佛相應的工夫嗎？豈不是經常都在體驗著人間淨土的風光嗎？今天，此時此處的諸位菩薩，豈不是正在處於人間淨土的環境中嗎？所以我曾經說過，我內心的法鼓山已經建好了，諸位相信嗎？你們心中的法鼓山也建好了嗎？廣大人間許多眾生的法鼓山尚未建好，因此，建設人間淨土的理念仍有待我們大家，繼往開來，共同努力。

如果不能用佛法來自利利人，這個世界永遠是黑暗恐怖、多災多難的。目前生活在地球上的人類之中，都應該需要正信佛法的救濟，信佛學佛的人口卻是世界性的三大宗教之中最少的，而且還有不少附佛法的外道，寄身於佛門之中。所以近年來製造了許多的宗教亂象，往往被記在佛教徒的名分之下。在今天這個宗教多元化的開放社會中，使我們沒有批評的立場，批評也沒有用處。進入了二十一世紀的人類，在宗教教育普及之後，自有選擇宗教信仰的能力，所以最重要是如何加強加快對於正信佛法的實踐、護持、弘揚的工作。

我們成立法鼓山這個團體以來，即將進入第十週年，由於有你們諸位菩薩的同心同願、一師一門，發揚法鼓山的精神：「奉獻我們自己，成就社會大眾。」所以我堅定地相信，我們不僅有推廣佛法的責任，也有弘揚佛法的力量。

不過，我們法鼓山的僧俗四眾，雖有發大悲願，弘傳正統佛法的信心，卻不能有自我膨脹的慢心，我們要謙虛地向天下人學習，取人所長，補己所短；奉獻我們的所長，包容他人的所短。永遠不要自滿，永遠都有前途；永遠虛心檢討，永遠有路可走。最後在此，祝福法鼓山的全體菩薩，身心自在；祝福全國上下，安和樂利；祝福世界人類，和平安康；祝福法鼓山的理念，普遍受人歡迎，永遠有人推廣！

（一九九八年九月二十六日講於林口體育館信眾會員大會，刊於《法鼓》雜誌一一〇、一一二期）

心五四運動

——新世紀的生活標竿

開幕詞

諸位代表菩薩：

今天我們非常地感激，受我們大家尊敬的連副總統，連戰先生，他在百忙中，出席了我們這次的大會。這是我們法鼓山一九九九年全球會員代表大會，代表著全球所有法鼓山的菩薩們，對於社會關愛的心，對於我們中華民國國家關愛的心，一起來慶祝我們第十週年的會員代表大會，同時也感謝諸位長官的蒞臨，同時也將邀請諸位貴賓和法鼓山信眾代表，共同揭示我們以心靈環保為主軸，以心靈改革為目標的「心五四運動」。

今年是我們法鼓山成立第十週年。多年以來，我們為國家、社會，乃至於全球所做的奉獻，是以心靈環保來導正人的觀念，以禮儀環保來轉化人的氣質，以生活環保來鼓勵勤勞儉樸，以自然環保來愛惜自然資源。

我們是以「成就他人來成就自己」的奉獻精神，以終身學習、終身成長、終身奉獻的感恩的心態，來從事全面教育工作。如果有人要問：「法鼓山究竟是怎麼樣的一個團體？」我要簡單地告訴諸位：是「精神啟蒙運動的生活教育的團體」，也就是以心靈的淨化為主導的終身教育。

多年以來，我們在心靈建設方面，展開了一連串的實踐的活動，每一項活動都負有淨化人心的教育功能。把以往各項的互動整合起來，總名之為「心五四運動」，因為我們所提倡的「心五四運動」，是不分宗教、種族、年齡，所以適合於我們全世界的每一個人。它的具體內容究竟是什麼呢？我們馬上邀請我們的副總統、行政院長以及諸位貴賓，還有我們大會的代表上台來，為諸位揭示。

最後謝謝諸位的光臨，祝福諸位平安、健康，也願我們的平安遍滿人間，阿彌陀佛！謝謝！

閉幕詞

今年的感恩代表大會，相信諸位一定覺得非常豐收、充實，也非常地感動。

法鼓山是一個精神啟蒙運動的團體，以推動全面教育為方法，具體來說就是用「心靈環保」來完成我們所正在推動的三大教育。

多年來由於我們大家對社會國家的努力和奉獻，所以，法鼓山的存在，對臺灣是相當有意義的，因此，在今天的大會中，有許多貴賓蒞臨，給我們許多的肯定，非常感激。

各位來參加會員代表大會，不是僅僅來見我一面，或來看幾場表演而已，應該要能感受到我們今天任何一個活動，都賦予了傳達法鼓山理念的功能，即如由青年營隊小菩薩們所帶動的「感恩躍動」帶動唱，也都是法鼓山的精神的表現；同時也能負起兩種任務，一是教育，二是關懷。當然我不敢說是對諸位的教育，應該說是我們大家彼此互相學習。

今天請諸位回來，是對你們大家的關懷，也希望你們每一個人都能把我的關懷帶回去給相關的菩薩們，告訴他們，師父也在關懷他們；更要把我們法鼓山關懷社會的心，普遍傳揚到臺灣乃至全世界每一個角落。

法鼓山的理念應該要永遠推廣、發揮，因此請諸位菩薩們，做父母的，要把我們的精神傳遞給你們的兒女；做老師的，要把我們的精神傳達給你們的學生；也就是說要把我們的精神傳遞給年輕的下一代。

最後祝福大家平安健康，萬事如意！

（一九九九年八月二十二日講於林口體育館全球會員代表感恩大會，刊於《法鼓》雜誌一二〇期）

「心」五四運動的時代意義

「心」五四運動是將佛法中深奧難懂的名相學理，轉化為一般人都能夠理解、接受，並在生活中運用的觀念和方法。這是法鼓山多年努力所完成的成果，名詞雖然是新創的，但是實質的精神和內涵依舊是佛法。法鼓山將心五四定位為「二十一世紀的生活主張」，它不是標語、口號、花招，是一項心靈建設的工程。

事實上，心五四不是現在才有，早在釋迦牟尼佛時代就有了。釋尊在人間示現說法，主要的對象是人，為的是將佛法普遍地弘揚在人的生活中，使人能夠得到啟蒙，而來改善自己的困境，開發自己本有的心地光明——也可以稱為心智或智慧。同時，在生活之中用佛法的觀念和方法，調伏自己的煩惱、習氣，隨時隨地建設自己心中的清涼淨土。

「心」就是觀念及心智，佛法說的就是「心」法，中國的禪法也叫作「心」法，那是一種智慧，部分是先天的，部分是後天的。換句話說，是具備了先天的條件，再加上後天的培養和開發而成。如果有人不容易接受培養和開發，那是因為他們不願意改變自己。

以觀念的建立來說，那是自小慢慢養成的。自童年時起，人們逐漸形成自己的想法，但尚未成熟，到了成年以後才逐漸具備成熟的觀念，進一步成為個人的主張和想法。一個人既有的觀念不是不能改變，尤其是在遭受到無法解決的痛苦、困境、災難時，如果有人告訴他某種觀念，幫助他把問題解決，就可能讓他轉變舊觀念，接受新觀念；心理醫生的諮商，宗教師的開導，還有親友間的心靈對話，都具有這種功能，能幫助一個人找到適應環境，與人和諧相處的方法。

與人間、心靈結合

心五四就是運用佛法來調整我們的觀念，開發我們的心智。以往，因為佛經裡的專有名詞大家都不太容易理解，再加上有許多人把佛法變成一種玄妙深奧的學問，或者是一種神奇的體驗，所以和我們的日常生活及觀念不太相應。事實上，這並不是佛陀的本意。佛陀所說的法，對任何人不論性別、年齡、種族、職業，不管有無知識、學問，都可以用來開發心智，轉化觀念，改善行為，以適應當下的生活環境。

我曾經提出「在人世間遍弘生活佛法，在火宅中建設清涼淨土」這兩句話。「在人世間遍弘生活佛法」就能夠提昇人的品質，改善我們的生活品質；「在火宅中建設清涼淨土」就可以保護我們不被「火」灼傷。

所謂「火宅」是指欲、色、無色的三界，包括我們所處的這個人間；「火」則譬喻為憂苦、焦慮、憤怒、恐懼、多疑、妒嫉、放不下等種種煩惱。釋迦牟尼佛在三界中，希望把佛法普及之後，人們不論遇到任何順逆因緣，都能不憂慮、不恐懼、不驕狂、不氣餒、不失意、不沮喪，讓每一個人心中顯現出清涼淨土。這也正是法鼓山的理念。

淡化宗教玄深色彩

心五四包含了「四安」、「四要」、「四它」、「四感」、「四福」五大要項，每一要項又涵攝四種「心」的觀念和方法，故稱心五四，這是法鼓山多年努力所累積而成的具體教材。從最初只有一個「心法」，接著提出「心靈環保」，再發展成「禮儀」、「生活」、「自然」共四種環保；接著又開展出「四安」、「四要」、「四它」、「四感」、「四福」。這些都是我歷年來多場講座的內容主題，為的就是淡化玄深、神奇的色彩，使佛法讓人一聽就懂，一懂就可以運用。

法鼓山又把心五四定位為「二十一世紀的生活主張」。分開來講，「四安」是「提昇人品建立新秩序的主張」；「四它」是「解決人生困境的主張」；

「四要」是「面對煩惱安定人心的主張」；「四感」是「幫助自己成就他人的主張」；「四福」是「增進全人類福祉的主張」。這些主張是大家集體創作的，是我們團體共同的主張，非我個人的主張。

生活化的佛法

「生活化的佛法」、「人性化的佛學」、「人間化的佛教」是心五四運動的基本精神，因為是把佛法普遍地運用在生活中，所以是生活化的佛法；因為佛學是以提昇人性為本，所以是人性化的佛學；因為佛教是屬於人間的，所以是人間化的佛教。生活、人性、人間的意思不一樣，佛法、佛學、佛教三者間也有差異。

「生活化」的佛法就是用佛法的觀念來生活，這也是目前我們法鼓山所積極推行的「佛法生活化」運動。我們在生活中就可以運用佛法，不一定非要到深山裡去。佛法講中道，既不主張縱欲享樂，也不主張無意義的苦行，不論是出家人或是在家人，日常起居、行住坐臥，從早到晚的生活，運用佛法，以一定標準的佛化生活為依據，這就是生活化的佛法。

至於「人性化」，佛學為什麼要人性化？因為有很多人把佛學當成資料、玄學、或是一種高深的學問，結果把佛學關在象牙塔裡，變成冷冰冰的學問，而跟人間脫離密切的關係。許多人為了研究而研究，只是把佛學當成一門學問，並沒有把佛學運用在生活中，因此形成學問化，而非人性化的佛學。

「人性化」的意思是指，以人的立場來研究佛學，研究的成果是適合人用的，能夠提昇人的素質，淨化人間。以法鼓山中華佛學研究所為例，〈所訓〉中就有「利他為重，實用為先」兩句話，提倡利他及實用的佛學，就是人性化的佛學。

「人間化」的佛教是心五四的基本精神之一。先說什麼是宗教？一個歷史悠久的正統宗教，必須具備三大條件：教主、教理、教團，也就是要有創教的歷史人物、理論的基礎、修行或實踐教理的團體，佛教就具備了這三個條件。

所謂人間化，就是這三個條件都是以人為中心、以人為基礎而設立的，不是為了玄學、崇拜鬼神而設，所以稱之為人間化的佛教。現在有許多人不斷強調開悟，強調神祕經驗的神通感應，強調他們能夠接觸並差遣非人的靈界鬼神，這都是脫離了人的本位，都不是人間化的佛教。

總而言之，只要是脫離了人的本位，而談佛法、研究佛學或信仰佛教，就不是生活化的佛法、人性化的佛學、人間化的佛教。心五四運動必定是生活化、人性化又人間化的。

實踐四種環保

心五四運動既是二十一世紀的生活主張，也是四種環保的落實。

或許有人要問：四種環保和佛法有什麼關係？事實上，心靈環保的「心」就是佛法。而以禮儀環保來看，佛法是非常重視禮儀的，其中包括戒律、威儀、持戒，而遵守律儀甚至就是佛法的根本基礎。生活環保，就是佛法生活化。所謂自然環保，以佛法來講，一個人的身心是正報，所處的世界環境是依報，依正二報就是自己的道場，每個人都要用正報在依報中修道，所以必須要愛護環境，就像愛護自己的身體一樣。因此，這四種環保的根本內涵都是佛法。

精神啟蒙運動的生活教育

做為一項精神啟蒙運動，心五四的目標是將佛法生活化，這是一種生活教育。是以精神啟蒙運動的生活教育，實踐法鼓山所提倡的三大教育，即大學院教育、大關懷教育，以及大普化教育，推動「提昇人的品質，建設人間淨土」的理念。

或許有人會問：大學院教育是不是佛法生活化？答案是肯定的，包括課程、校園的境教，都是朝此一目標努力。目前中華佛學研究所已在推動佛法生活化的教育，因為我們是以「實用為先」，而「實用為先」就是人間化的、人性化的、生活化的佛法。

至於如何推動心五四運動，可從兩個方向思考，一方面淡化宗教固有名相色彩，入世化俗，另一方面，要充實佛法精神，避免隨世流俗。

所謂淡化宗教色彩，主要是指不以靈異現象及神通能力等神祕經驗做為號召，不強調偶像崇拜，不以活人、靈物、靈力為偶像。佛法的最高原則是「應無所住而生其心」、「非法非非法」、「一切法皆是佛法，一切法皆非佛法」，所以釋迦牟尼佛說法四十九年，還一再地說：我講的都不是真實法，都是方便法，都是權巧法。

大多數的宗教都是屬於「創造神」的信仰，以及靈異現象的崇拜；而佛法不講「創造神」，對於靈異及神通，佛經中雖也有介紹，但定不是佛法的重心所在，尤其中國的禪宗，更是不主張利用靈異及神通來吸引信眾，因此中國的禪宗是最人間化的、人性化的、生活化的佛教。

有人擔心、害怕，以為淡化了宗教色彩，便會失去我們原有的方向，對此，大眾要有信心，還是會不斷地充實佛法的精神，在世間中影響世間，在世俗中轉化世俗。我們不隨波逐流，相反地，要做中流砥柱，入世化俗。

推動心五四，為了避免天馬行空、不著邊際，著力點是由法鼓山僧團、護法體系先開始，研擬具體方案，選擇定點設立示範區，再漸次將成果推展到家庭、社區、校園，乃至於全世界。

在此同時，我們可以運用網際網路，以中、英文等各種不同的語言，將心五四變成國際化的語言，全世界都能認同的觀念。

（一九九九年九月七日講於北投農禪寺專職菩薩精神講話，原收錄於法鼓山智慧隨身書《心五四運動》）

法鼓山的選舉觀

法鼓山對政治一向保持中立的立場，對任何選舉都不會用團體的名義或組織的力量為任何人助選或參選。有人批評我們太消極，不關心政治，其實這是錯誤的。

超越種族、國家的立場

我們可以從佛陀的事蹟來看。當他遊化到哪個國家，就幫助那個國家，並告訴國王如何安定人心、治理國家、愛護人民，為人民謀福利。佛陀並不會站在某一國的立場而反對其他的國家，因為佛法是給普天下所有人用的，不是專為某一些族群而用的，所以佛法是沒有國界的，這是佛陀對政治的態度，也可以說是佛教的政治立場。這種政治立場是非常健康的，所以佛陀到任何一個國家都受到尊敬、歡迎，因此佛法才能夠傳遍恆河流域的多數國家。

如今佛教能夠傳遍全世界，主要原因也在於佛教沒有僵化的政治立場，沒有狹隘的種族觀念，其慈悲精神是普及於所有一切眾生。在中國，佛教還是保持原有的精神，關心社會、關心人民的苦難，積極救世度眾生，對於社會的種種現象給予充分的關心和協助，但不從事於政治活動，並且不干預政治。

此外，在許多大乘經典中都有記載，釋迦牟尼佛把佛法弘揚住世的責任委託於王臣，希望國王大臣要護持三寶，要受菩薩戒，這在《梵網經菩薩戒本》中講得很清楚，而在《仁王護國般若經》中也指出身為國王應該要推行仁政，並以佛法來保護王國。

法鼓山是繼承著佛陀的精神，對於政府官員都歡迎，他們來親近三寶、接觸佛教，除了要讓他們了解佛法外，同時也要為他們祝福，因為他們是為全民服務的，至於服務品質的好壞，則與他們的觀念有關。我們的祝福，就是希望帶給他們不同角度的觀念和思考，間接地便能對整個社會國家有幫助。

曾經有人認為，佛教自古以來都是統治階級的工具，說這句話是有偏頗的。當然不可否認的是，有一些佛教徒由於不清楚自己的立場和身分而淪為統治階級的工具。事實上，佛教的本質與內涵，是不可能讓統治階級利用為工具，更不會因此而去壓迫不同意見的另一方。

關心而不干預的態度

相反地，又有人認為我們不參與競選，就是逃避現實；不去助選，就是不關心政治，甚至說我們不關心人群，這是絕對錯誤的。

《六祖壇經》中說：「佛法在世間，不離世間覺。」佛教是不會逃避現實、厭離現實的，只是不跟隨現實的顛倒妄想見而痛苦煩惱，如果世間人顛倒，我們也跟著隨波逐流，便會沉淪苦海，痛苦不已。

在每一次選舉的時候，都有人不想投票，我問他們：「為什麼不投票呢？」他們會說：「不知道要投給誰？」這樣說表示你不關心國家。身為公民，不管你覺得候選人的形象、理念、施政方針是否符合你的理想，但為了表示對國家社會的關心，具體的行動就是要去投票；如果不去投票，不但放棄權利，同時也沒有盡到國民的義務。所以，我希望、勉勵每個人都去投票，表示我們對政治的關心。

每次選舉都有人問我要投給誰？我所投的對象，是不會告訴任何人的，不論誰當選，我都同樣恭喜他，並為他祝福，這是為了我們整個國家社會著想。民主基本的素養就是可以表達自己的意見，卻不強制他人一定接受，並且也要尊重他人的意見和想法。法鼓山的團體絕不會向大家宣導要投票給哪位候選人，但是「大家應該要去投票」這個立場是不變的，所以，在每次的選舉中，我們的團體都能風平浪靜，不會因支持不同的候選人而有爭執。

最後再次強調，法鼓山不用團體的力量來推動任何選舉或支持任何候選人，但是我們關心國家社會，鼓勵大家踴躍投票，以表達我們對國家社會的關懷，善盡國民的義務。

（二〇〇〇年三月十六日講於北投農禪寺專職菩薩精神講話，原收錄於《一九八九—二〇〇一法鼓山年鑑》）

我們的共識及工作項目

多年以來，法鼓山倡導了許多的觀念，帶動了無數的活動，最初時，大家感到陌生而且新奇，漸漸地接受了，並且引起回響。許多風氣是法鼓山率先帶動的，例如「不燒冥紙少燒香」、「不要放生要護生」，還有「人間淨土」等等。

佛教徒以前都認為淨土是在西方世界，經過我們倡導「淨土在人間」的觀念之後，他們也慢慢了解而且響應。一九九八年我與達賴喇嘛見面，我把人間淨土的構想及實施辦法告訴他，他公開表示讚歎、支持與認同，可見人間淨土是今日及未來社會共同需要的。

同時，我主張「心靈環保」的觀念，以前沒有人這樣說過，但自從我提出後，大家都能夠接受和響應。今年八月底，我參加於聯合國舉行的「千禧年世界宗教暨精神領袖和平高峰會」（Millennium World Peace Summit of Religious and Spiritual Leaders），提出了心靈環保和人間淨土的觀念，與會的代表來自一百多個國家，代表各種宗教的教派，許多人深表贊同。我們的觀念非但具有時代意義，更是能夠實用於生活上的，這是跨越宗教，全世界人類都迫切需要的觀念和方法。

〈四眾佛子共勉語〉和「法鼓山的共識」，如果你認為它淺顯，其實許多有學問的人都接受和贊同它；你認為它深奧，它卻是每一個人在行住坐臥上都可以時時拿出來運用的。在這次大會發給諸位的手提袋中都有一本《法鼓山的方向》小冊子，相信有些菩薩早已看過，但是有些菩薩還沒看過，它的封底印的是「法鼓山的共識」，書中最後二頁是〈四眾佛子共勉語〉，希望大家非但要牢記，還要不斷在日常生活中練習。

法鼓山是怎樣的團體呢？法鼓山是一個在教育與關懷上，同時著力和推廣的團體，在我們的共識中，最後二句「我們的方法是提倡全面教育，落實整體關懷」。所謂全面教育，涵蓋的層面有三個環扣相連，那就是我們的三大教育——大學院教育、大關懷教育、大普化教育。

一、大學院教育是一種正規教育，也就是有次第性地在學校上課，已經舉辦了二十多年的中華佛學研究所就是很好的例子。法鼓大學目前仍在籌建中，預計在幾年之內可以招生。明年（二〇〇一）首先開始招生的是僧伽大學中的佛學院，專門培養出家的宗教師人才，畢業之後可以做寺院管理、住持正法，帶動弘法、禪修、念佛等活動。

二、大普化教育是對社會一般人士透過種種方式，所做的佛法教化，包括宗教修持及推廣教育活動，例如讀書會、兒童營、青少年營，將來還會有以婦女或年長者為對象的教育營，希望大眾能夠從生活教育之中，得到春風化雨的佛法教育。

三、大關懷教育包括一個人從出生以後，一直到臨終往生所需要的關懷。法鼓山做的關懷很多，比如會員生日時寄送賀卡，為六十歲以上的老人做聯合祝壽，還有聯合婚禮、聯合奠祭等等，細節內容都編列成手冊，相信每一個聯絡處和共修處都有，也希望我們的會員都能深入了解其中的意義。另外，我們推行的環保運動中有一項禮儀環保，是希望由個人的禮儀、禮節，推廣到團體的禮儀、禮節，這些都是大關懷教育。

十多年來，法鼓山非常致力於關懷和教育工作，那是對全世界、全人類的關懷，我們要用關懷達成教育的目的，用教育達成關懷的使命，這二者是互動的。如果關懷中沒有教育，做好事不一定有好的結果，那是濫好人，我們不做這樣的事。關懷一定要具有教育的功能，提昇人的品質要從身、口、意三方面來行動。

（二〇〇〇年十月二十八日講於美國紐約象岡道場北美年會，原收錄於《一九八九—二〇〇一法鼓山年鑑》）

人生佛教到人間淨土

近百年來，漢傳佛教給人的印象是一種敬拜鬼神的宗教。一般人求神、拜佛、超薦，神佛不分；甚至連許多佛教徒拜佛時，也只是希望早點往生他方極樂淨土。這些現象，使佛教不僅被知識分子批評為迷信，也讓一般社會大眾認為佛教是很消極的。

為了破除社會長期以來的誤解，近代太虛大師提出了「人間佛教」、「人生佛教」的主張。太虛大師已於一九四七年（民國三十六年）往生，至今已有五十七年；我的師父東初老和尚，繼承了太虛大師的主張，致力提倡「人生佛教」，並且創辦了《人生》雜誌；印順長老也繼承了太虛大師的思想，提倡人間佛教；而我也是繼承太虛大師的理念，提倡「人間淨土」，讓佛法在人間，使人間變成淨土。東初老和尚在〈人生佛教的本質〉這篇文章中，說明落實「人生佛教」必須在三個方面實踐：

第一、倫理的實踐：所謂「倫理」，就是在彼此互動的關係中，盡一己之責。這種互動關係有很多種，包括：父母和子女、老師和學生、業主和員工、夫與妻，以及與朋友之間等等，彼此都需扮演著多重的身分，盡到自己所扮演角色的應有責任。

第二、道德的實踐：佛教徒應該守「五戒」和「十善」。「五戒」是不殺生、不偷盜、不邪淫、不妄語、不飲酒；「十善」則是身三、口四、意三。許多人認為只要守十善就好，因為五戒裡有不飲酒，寧願捨五戒而取十善。但這是錯誤觀念，因為十善是由五戒引申而來的。

第三、正覺的實踐：即正見、正思惟、正語、正業、正命、正精進、正念、正定等八正道。「正見」，就是四聖諦、八正道、十二因緣，還包括了大乘的四攝、六度；用眼看，用耳聞，用正確的佛法知見來實踐道德生活，再加上定的工夫，就能得解脫；「正思惟」則是經過了解和消化。正見及正思惟超越了道德倫理的範圍，因為正見所講的苦、空、無我，即是正覺的生活態度。正語、正業、正命、正精進則和倫理道德是相通的。因此，我們要發揮布施、利行、同事、愛語等四攝法來自利利他，引導眾生學佛，成就人間淨土。

（二〇〇四年十一月十三日講於美國紐約東初禪寺同心同願聯誼會，姚世莊居士記錄整理）

法鼓山的四大堅持

一、堅持理念

法鼓山的四大堅持，首先是堅持我們的理念——「提昇人的品質，建設人間淨土」，但是大家有沒有進一步去想：提昇人的品質，是提昇誰的品質？通常法鼓山的信眾都曉得，人的品質不好，社會就會混亂，所以要去提昇大眾的品質，結果反而忘記品質應該先從自己提昇起，無論是專職或義工。

然而，對有些專職來說，到法鼓山的目的是來就職、找工作，不是來接受提昇人品的訓練，因此，有些人做幾個月，覺得不高興就離開；長期留下來的人，因為天天在聽提昇人品的理念，反倒不知怎樣去啟發自我。談起自己的問題時會說：「我就是這個樣子啊！」想發脾氣的時候，還是發脾氣；談到品質，就覺得品質不值錢。事實上，這些都是錯誤的觀念。提昇自己的品質，對於家人、對於自己，都有好處。在法鼓山，你就好像是在這兒「受訓」，一段時間後回到家，家人會覺得「士別三日，刮目相看」，因為你的氣質改變了。

我們一次次舉辦禪修營、念佛、禪七等活動，便是希望在我們團體裡生活、工作的人，都能提昇品質，換句話說，在我們這裡「受訓」，就是在提昇人品。人品如何提昇？只要實踐四種環保，自己的品質一定會提昇。

在我們的三大教育裡，除了大學院教育，還要透過大普化教育、大關懷教育，來做為我們建設人間淨土的方法和橋樑，譬如：法鼓山社會福利慈善事業基金會，主要在做救濟的工作；法鼓山人文社會基金會，做的是社會關懷；聖嚴教育基金會，則是規畫、發送我的各種著作，並且鼓勵學者研究聖嚴思想、發揚聖嚴思想。

二、堅持三大教育

在我們的理念之下，第二個堅持是要三大教育，要用三大教育來建設人間淨土。其中大學院教育已經辦了二十多年，一開始是創辦中華佛學研究所。佛研所過去有研究生，往後雖然不招生，但是有研究人員，這些研究人員都是教授、副教授，做著專題、專門的研究，他們同時也是法鼓佛教研修學院的老師。

研修學院今年招到十五位碩士班的學生，在目前臺灣佛教界，也可以說在目前臺灣宗教界，是唯一的、第一個成立的單一宗教教育機構，它比照一般大學，但目的是培養與訓練專業的宗教師和研究宗教的人才。

此外，僧大是向內政部登記的，畢業的學生已經有三屆了。中華佛研所培養的人是學者，專門做研究；研修學院則培養一般在家的、出家的兩種宗教研究人才，以及宗教工作人員；而僧大專門培養宗教師，就是培養出家的法師，這些培養出來的法師，我們稱為「人天師範」，就是住持三寶的人才。研修學院培養出來的人，雖然可以講經，也可以弘法，但他們不一定是住持三寶的人才，畢業以後，可能留在法鼓山，也可能離開。

僧大專門培養法鼓山的龍象人才，也培養住持三寶的人才。為什麼要強調是「住持三寶」的人才？因為居士不能住持三寶，只有出家人才能住持三寶。將來研修學院裡也會有出家人，一樣也可以成為住持三寶的僧眾人才，不過學生多半還是在家人，和僧大的性質不大一樣。大學院教育培養出來的人，層次都不一樣。中華佛研所是專門研究的人才，僧大是住持三寶的人才，研修學院的人才，可能會進入僧團，可能去教書、做文化工作，也可能到社會上去找其他工作。

在法鼓山上的法鼓大學校地已經整理好，建築物即將動工了。法鼓大學到現在為止還是一個人文社會學院，規畫得很精緻，招生目標只有三千人，不只在臺灣招生，還要向全世界招生。學校裡面的學生，將從世界的四方八面前來，包括學齡層到中年齡層，因此，諸位將來也都有可能進入我們的法鼓大學，不論是已經有學位的，或者是沒有學位的，都可以入學進修和就讀。

興辦法鼓大學的目的，就是希望法鼓大學的學生，在經過學校幾年的訓練之後，人品能夠提昇，未來進入社會，在各行各業從業的時候，可以擔任提昇人品工作的講師。對將來的社會而言，政府、企業，都會搶著任用我們的學生，因為他們的性格很穩定，品德、修養各方面都很優秀，是能夠承擔的人才。

培養優秀人品的學生，也是為了另外兩個目標，就是大普化和大關懷。我們的三大教育，是環環相扣的三連鎖，大學院教育的目的，就是要為大普化、大關懷這兩種教育培養人才，所以，為了大普化、大關懷這兩種教育，我們必須要把大學院教育辦好。

三、堅持四種環保

第三個堅持，就是堅持四種環保。第一種是「心靈環保」，第二種是「禮儀環保」，第三種是「生活環保」，第四種是「自然環保」，在四種環保當中，我們以「心靈環保」為核心主軸。要提昇人的品質，首先要從心裡面的環保、心裡面的建設，以及精神生活上來提昇和養成，只有心理先健全了，人格才能健全。所謂「心靈」的意思，就是對自己、對他人存著慈悲心。一個人能以慈悲心看所有的人，就會去愛所有的人；能用智慧心看所有的事，就不會起煩惱，因為事情該怎麼處理就怎麼處理。能對人有慈悲、對事有智慧，就是心靈環保。

心靈環保的原點，是從佛法的悲、智、願、行而來，也就是以佛法的慈悲、智慧、悲願、菩薩行為出發點。所以，「心靈環保」這個新名詞，實際上就是佛法的主要精神所在，如果佛法離開慈悲和智慧，離開大願行，那就處處使不上力了。心靈環保的基礎，是保護自己的心靈不受汙染。心靈環保不是靠環境來保護人，而是用心靈來保護自己。當你的心靈不受汙染、不受破壞，能夠很健全、正常、穩定的時候，你就安全了、被保障了。如果你的心很混亂，老是跟人家勾心鬥角、瞋恨、嫉妒、貪吝，老是想要占便宜，或覺得忿忿不平，還反過來說：「這個環境很糟糕，沒有辦法保護我的心。」其實不是環境不能保護你的心，而是你沒辦法從環境中產生保護自己的功能。

要從環境中產生保護自己的功能，是要下一番工夫的。要下什麼樣的工夫？誦經、念經、拜懺、打坐、念佛，還有參加禪修、參加讀書會，這些都是在下工夫，當我們這麼做的時候，時時刻刻都跟佛法相應，我們的心就能受到保護，否則的話，動不動就跟人家吵架，動不動就覺得自己受傷害，是被害者，這樣一來，我們的心靈就沒有被保護了。

在第二項「禮儀環保」方面，人與人之間互動的時候，語言上要有禮貌，動作上要有禮貌，口頭上要有禮貌，除此之外，表情、手勢、身體，也都要有禮貌。身體有身儀，嘴巴有口儀，心有心儀，這都是禮儀環保。學好禮儀環保之後，如果你是一位女孩子，人家看你就是一位淑女；如果你是男孩子，就是一個君子，所謂「翩翩君子」、「窈窕淑女」，都是從禮儀上表現出的。不管是男孩子、女孩子，如果講話時大聲講，走路時搶著走，坐的時候搶位置坐，搭乘公共交通工具或在公共場合不按次序排隊，這些都不是威儀。所以，我們生活上的禮儀和威儀就是禮儀環保。

四大環保第三項是「生活環保」，就是生活得很乾淨、很整潔，不要干擾其他的人，不要製造噪音和髒亂，也不浪費自然資源，省吃儉用、潔淨樸實、整齊清潔，這些都是生活環保。做好生活環保可以節省很多錢，也可以少製造很多垃圾，譬如說一張紙用過以後，如果一團一團往字紙簍丟，馬上就成了垃圾；如果只有用一面，那麼反面還可以用，就算反面用過以後，也不要撕掉它，用碎紙機碎過，可以回收製造再生紙，如此就能減少垃圾量了。所謂生活環保，就是靠我們用心來節省各項資源。節省是一種功德、美德，也是一種環保。

第四項是「自然環保」。我們隨手都可以做自然環保，譬如一個人，可以坐捷運，不一定要開一輛車，甚至可以不要騎摩托車，而是走一段路，還能健康一些。雖然真正對自然進行大破壞的，多數是政府、企業界，是強國的政府，以及強國裡的大企業。他們將一整片地、一整片山、一整個海洋，全部一下子破壞掉。對於這些情形，我們雖然沒有辦法，但是唯一能夠做的，就是自己少浪費、少破壞，多節省自然資源，做到自然環保。

四、堅持漢傳禪佛教

我們的第四個堅持，是堅持漢傳佛教，也就是漢傳的禪佛教。我們是以漢傳禪佛教的立場，向現代的世界佛教接軌，也就是說，我們現在舉辦的一些青年活動、國際活動，都是朝向這方面去思考。有些人想不通，為什麼我們要和國際上一些不是佛教徒的人聯合？即使和國際上的佛教徒聯合，他們也不會幫我們宣傳漢傳佛教，那我們跟他們來往要做什麼？

其實我們主動跟他們接觸，是讓他們知道有一個漢傳佛教，而漢傳佛教裡最精彩、最精華的部分是禪。我們現在正朝向國際佛教的趨勢發展，所謂國際佛教，就是與南傳、藏傳、北傳，甚至是歐美佛教結合，還可以進一步，跟世界各宗教接軌，這樣就更能夠建設人間淨土了。如果僅僅是在佛教界，僅僅只有我們覺得好、我們認同是沒有用的，還要使整個世界認同漢傳佛教。漢傳佛教不是獨善其身的，也不是排外的、排除異己的，漢傳佛教是包容、容納所有一切的文化，尤其是沒有性別差異的，所以現在這個多元文化的世界，正是漢傳佛教最適合發展的空間。因此，法鼓山四大堅持的最後一項，就是漢傳的禪佛教，並以禪佛教的立場，和世界佛教、世界各種文化接軌。

（二〇〇七年七月三十一日講於北投雲來寺專職菩薩精神講話，原收錄於《二〇〇七法鼓山年鑑》）

法鼓山的文化財

法鼓山的源頭——中華佛教文化館

法鼓山的源頭是「中華佛教文化館」，它是我的師父——東初老人，在北投光明路創建的。這是佛教史上的一項創舉，因為一般佛教道場都以「寺院」、「庵」或「精舍」為名，從未有以「文化館」命名的。

「文化」是什麼？文化與「文明」不能脫節，剛開始流行或創始的時候是「文明」，而它留下來的成果、發揮出來的力量就是「文化」，最後步入歷史時，則是「文化的遺產」。但文化一定是對人類歷史或當時社會產生影響力，並且能夠持續下去的，才能稱為文化。而東初老人以「文化」命名，使佛教超越了一般宗教內涵，強調了化世的功能，可見東初老人的創意及先見之明。

中華佛教文化館很小，只有一百多坪，可是在臺灣佛教史，甚至整個世界佛教史上，都留下了它的遺產。但這遺產指的不是東初老人這個人，而是他所做的事。在這些事當中貢獻最大的，莫過於在臺灣佛教文化還非常落後的時候，發起影印日本的《大正大藏經》正、續兩部共計一百冊，同時還創辦了《人生》月刊及《佛教文化》兩份雜誌。

我承接中華佛教文化館後，同時也繼承了這個文化使命，包括創辦中華佛學研究所和支持設立中華電子佛典協會（Chinese Buddhist Electronic Text Association，簡稱 CBETA）。中華佛研所不但是目前臺灣宗教學府中最具影響力的一所學校，在世界佛教教育學術上也有它的地位。它召開過好多次的國際學術會議，而歷屆畢業生中，有十幾位已經完成了博士學位，獲得國際性的佛教學術地位。此外，中華電子佛典協會的創辦，將《大正藏》電子化。這些作為都是以國際視野來思考，因此對全世界也慢慢地產生影響力。

而東初老人開辦的冬令救濟，目前已發展由專責機構——法鼓山慈善基金會統籌辦理，救濟的範圍，也從國內延伸到國外，從亞洲延伸到其他各洲，中東、非洲等國人較不熟悉的地方，都有我們的足跡。

像這樣一個小小的中華佛教文化館，所產生的功能卻那麼大，在佛教歷史上一定有它的地位。因此，即使建築物被拆掉了，也沒有關係，它的紀錄會永遠留傳下去，它的功能也會永遠存在，這就是「文化價值」。

法鼓山的文化重心——農禪寺

農禪寺也是東初老人創建的。一開始只建了五十坪的兩層農舍，雖然這些房子看起來多半像違章建築，沒有什麼價值，可是這二、三十年以來，我們以農禪寺為基地做了很多事：除了接引數十人出家，舉辦禪修、法會等修行活動，也辦了許多各種社會關懷活動，譬如「心五四」運動；另外，在臺灣九二一大地震時，徹底發揮了安定人心的功能，受到社會很大的肯定。此外，還創辦東初出版社，後來擴大為法鼓文化。因此，在臺灣提起農禪寺，很少人不知道，而且由於我們辦的活動擴及海內外，很多國際人士來到臺灣，也都想來參訪農禪寺。所以，農禪寺不僅是我們文化史上的一個重心，而且對臺北市地區，甚至是臺灣佛教界都有很大的貢獻，因此，得到政府認可，被鑑定為臺北市的「歷史建築」。

其實農禪寺只有三十幾年的歷史，並不算悠久，稱不上什麼歷史建築物；以它的建築來講，既不古老，也沒什麼特殊，但是因為有人使它發揮了相當大的功能，對於地方、社會，甚至於世界，都有很大的影響力，因此，是它的功能與價值使它成了歷史文化的建築。所以，文化必須是有人使用那個地方，有人運用那個地方來做有意義的事，並且能廣泛引起社會的注意與討論，使得人們自動自發地將它記錄下來。所以，我們常常可以在媒體上看到農禪寺在做些什麼、傳達些什麼的報導。

但如果文化館或農禪寺被拆掉了，也沒有什麼關係，因為在佛教史上、在臺北市的市誌上，都會記上一筆，它所代表的文化一定會流傳下去。就像中國大陸西北絲路上的樓蘭古城，雖然現在已經沙漠化，看不到任何遺跡，但是由於歷史的記載，保留了它當時的文明，也成為現代人類的文化遺產。

文化有永恆的價值

但站在文化保存的立場，還是要積極維護文化史蹟，譬如中國大陸的「萬里長城」，它早已失去防禦的功用，對於不懂歷史文化價值的人，會覺得拆掉也無妨，但是人類曾經用它，它便有歷史文化的價值，因此懂得歷史文化價值的人，不但不會拆除它，還會維護和整修它。

中國大陸有很多古蹟在文化大革命時被摧毀了，可是在一九七〇年代，中國大陸又漸漸把這些古蹟、曾有文化活動的地方給修復了，而且修得比過去更好，由此可知，中國大陸現在也很重視文化，以及文化的遺產。聯合國現在也設有教科文組織，主要是接受世界各國提出人類文化遺產的申請登記，每年許多國家都會將他們的古文物或古建築，也就是古文化申請做為世界人類的遺產，可見保護歷史文化已是全球的共識、時代的趨勢。

臺灣應該也不能例外，但是近年來因為政治意識的問題，還是有拆除文化古蹟的事件發生，其實無論這座歷史建築是因為何種原因而建立的，是功或過，只要是世界性的，都具有歷史文化的意涵，是可以經過後人的檢驗的。

文化的鞏固與創新

除了具體的建築外，文化還有另一種表現方法，就是一個民族或者團體的特別紀念日。譬如在五月，中國人會吃粽子、賽龍舟，八月則會吃月餅、賞月，還有農曆春節，這些都是我們這個民族的一種風俗習慣，這些風俗雖然不是具體的東西，但也是中華民族的文化財。這些民族的習慣，別人想搶也搶不走，例如中國大陸發生文化大革命時，曾經放棄了一些習俗，但是現在仍舊與我們一樣在過這些傳統節日。

法鼓山的文化財，目前正漸漸形成，譬如每年春節的除夕夜守歲，我們都會撞法華鐘。另外，位於大殿底下的地宮，還有法鼓山的七尊佛像，其中除了開山觀音外，全都是我們的創意，這就是我們獨有的文化財。此外，制度也是，現在也有人開始觀摩學習我們的僧團制度、生活方式，這些全都有我們的特色，當建立之後，就不能經常改變！如果經常改變，我們的文化財就沒有了。

舉例來說，日本的寺院每年都會舉辦一次大活動，而這項活動就代表了這個寺院的特色。譬如明治神宮，它的四周與庭院全都種滿了不同種類的菖蒲花，很有特色，因此每年一到春天，就會舉辦菖蒲節，吸引民眾前來觀賞；還有明月院，寺院的前後，尤其是進門一直到寺院的位置，種的都是繡球花，因此每當繡球花的季節，大家就不約而同地來到明月院；再如日蓮宗的池上本門寺則是賞櫻花，春天時，整座寺院彷彿在一片櫻花海中，各式各樣的品種，真是繁花錦簇。除了舉辦花節外，古佛像、古建築也是特色之一，譬如法隆寺的五重塔、藥師寺的古佛像等，令人百看不厭。

每一個道場都有一個代表性的特色值得欣賞，國際人士到了當地，就會問：某某道場在哪裡？但是花到處都可以看，為什麼非得到那裡看呢？古蹟是不變的，為什麼每年都有人去參觀呢？因為他們有創意，年年不盡相同，時節到了，大家就會到那裡參觀。日本的創意是從舊的基礎上發展、推展出來的。創意並不是把舊的完全拋棄，而是要在舊的基礎上開發出新的創意來。所以，舊的絕對不能動，但是新的可以因應需要而改變。

法鼓山也是一樣，法鼓山的建築是集合許多專家的智慧，以及我的用心所成就的，到現在為止，臺灣還沒有一間寺院是這樣建設的，而這就是法鼓山的文化財。如果未來的子孫不重視文化財，就可能因為空間不夠用，或者其他因素而把它拆毀，重新來過，這就是破壞文化財了。

文化價值來自人的價值

我在臺灣看過很多寺廟，因為本身沒有文化、不懂建築，也沒有去觀摩世界名建築，因此房子蓋得高高矮矮、參參差差、上上下下，對稱有問題，配置也有問題，看起來很不協調，像是一個雜貨店，或者是大賣場，裡面五花八門，零零落落很不好看。像這樣的寺廟，人住在裡面不舒服、不方便，時間久了，因為使用率不高，慢慢舊了，這便不能成為文化財。

但是如果這寺廟裡出了人才，或有人在那裡舉辦大活動，成就了大事業，那寺廟就有文化價值，能成為文化財了。可見房子的好壞並不是成為文化財的重要關鍵，重點在於能不能發揮功能、能不能善加運用。

譬如唐朝詩人李白的故居，我在四川曾參觀過，很多人來到當地也都會想看看這個文化古蹟。那裡本來已經被紅衛兵占用、摧毀，但是現在中國大陸當局已經把它整建好，並且特別指定某一間為李白住過的房間。至於李白當時是不是住在這裡？誰都不知道。

另外，蘇東坡到過的地方，只要是歷史上有紀錄的，他們就用一種象徵性的東西把它標示出來，譬如江西廬山的西林寺，因為蘇東坡有一首〈題西林壁〉的名詩，於是他們就起了一面牆壁，然後把這首詩寫在上面。我去參觀時問他們：「這是蘇東坡題的嗎？」他們說：「詩是蘇東坡的，但是我們把它題上去的。」我又問：「蘇東坡題的就是這面牆嗎？」他們說：「並不是，原來的西林寺在文化大革命期間就已經沒有了，現在的西林寺是一位臺灣比丘尼重建的。」這說明了因為蘇東坡在西林寺題了一首詩，西林寺因而出名，才變成了文化的古蹟。

最近，我曾經閉關的朝元寺也向我要求，這幾年到朝元寺遊覽的人愈來愈多，一到了朝元寺，就問：「聖嚴法師閉關的關房在哪裡？」但是關房早已經拆掉了，他們覺得很遺憾，當初沒有把它留下來，因此希望建一個紀念堂，不過被我婉拒了！

如果朝元寺沒有出人才，也沒有做什麼大事，本來不太可能在歷史上留名的，但是今天因為我曾經在那裡閉關，未來有可能因我而聞名，並且在歷史上留下紀錄。既然是因為我而有名，所以有沒有關房或紀念堂都沒有關係，只要說我在朝元寺閉過關就可以了，如果非要問我的關房在哪裡，就說是在法鼓山的開山紀念館裡吧！

其實，山上的複製關房對我來講沒有用，與我也毫無關係，即使有不肖子孫要把它打掉、蠟像毀掉，甚至是外道占據我們的道場也沒有關係，因為這個地方就是聖嚴法師建的。幾百年之後，法鼓山會變成什麼模樣誰都不知道，但是在歷史上、文化史上會有它的紀錄、有它的價值，這也算是文化財。

所以，文化財可分成兩類：一類是有形的，一類是無形的。有形的不能保持太久，無形的保持時間比較長。而佛教無形的文化財是什麼？就是對佛教的貢獻。譬如《高僧傳》裡的高僧，提起他的師父，或是出家的寺院，雖然有名字，但是誰都不記得，可是這個寺院、他的師父都因為有這麼一位對佛教很有貢獻的弟子，所以留名青史。正是所謂「母以子貴」，母親因兒子的功勳而有價值。

文化是眾人所成

我今天講這個主題，主要是希望為佛教留下遺產，但是聽起來、看起來，好像只有我在創建法鼓山、繼承文化館，其實不是，我只是總其成的人。事實上，法鼓山、農禪寺、文化館，以及美國東初禪寺、象岡道場，還有海內外各地分支道場，有許多的創意與活動，都是我的僧俗四眾弟子幫忙完成的。今天法鼓山在社會上的形象很好，也都是法鼓山僧俗四眾共同護持，每位都是促成法鼓山文化價值的一分子，不只是我一個人。

譬如我不懂建築，但是法鼓山的建築卻建得非常好，這是因為我有很多幫忙和建議的人。還有我們的僧團維持得很好，這不是我一個人的功勞，我的弟子們也投注了很多的心血。

再如我們辦的很多活動，雖然出面的都是我，但事實上，一項活動的成功要結合很多人的智慧。我既不懂舞台，也不懂組織、策畫，我只知道一個原則，那就是辦活動必須對人有益，而且對自己不傷害。尤其每項活動都要能達到「教育」與「關懷」的功能，包括勸募活動、理念推廣等社會活動。

由於大家共同的努力，使我們的文化價值提昇，雖然不一定每位居士都能留下名字讓每個人知道，但是文化財本身就代表了大家共同的貢獻。

創新是文化的生命泉源

總之，文化要開創才有意義，才能延展它的生命。譬如一棟建築必須發揮功能，才能呈現它的意義，但是這個功能必須有創意，如果人家做我也做，那是剽竊，沒有價值，不能稱為文化財。像是論文，如果是自己寫的，提供了新的觀點，那這是一篇有價值的論文；如果是抄襲的，那只不過是多了一篇文章而已，不算是文化資產。

所以，我們要時時刻刻往前走，要有新的創意，以我們這個道場為基礎，開創出對社會、對世界有大影響的活動或成果，否則，房子蓋得再漂亮，也不能成為文化財。

現在法鼓山年年都會針對社會需求推出一項或者多項活動，這樣我們才有存在的價值。如果我們沒有致力於貢獻和關懷社會，那我們就會慢慢地消沉，然後消失，即使房子還在、古文物還在，但是它新的文化價值已經沒有了。

未來的社會，不管是任何事物，沒有創意就會滅亡，因為缺乏創意，容易變成保守，保守等於是走向衰敗，這是一件非常可惜的事。

（二〇〇八年一月二十九日講於北投雲來寺專職菩薩精神講話，原收錄於《二〇〇八法鼓山年鑑》）

法鼓山的藍海事業

本來辭歲是在農曆除夕，由於本山的常住大眾分散在各地，而各分院道場在除夕那天也都很忙，所以我們提早在今天舉行僧團的團拜，也利用這個時間來禮祖、辭歲。

首先我要慰勉及感謝我們的常住大眾，舊的一年就要結束，新的一年即將開始。在過去這一年，不管是老住眾，或者是新加入的沙彌、沙彌尼以及善男子、善女人，都非常地用心努力；佛學院的學僧以及常住眾，也很用心努力地學習成長。我們團體的運作，也漸漸制度化，我們要繼續在這個基礎上更加地成長及更加地努力，讓僧團運作更靈活，對佛教有更多奉獻，只有如此，我們團體才會立於千年萬年的不敗之地。

不僅辦教育，也在受教育

世俗人都說：「不成長就是落伍，不進步就是退步，不努力就會被社會淘汰。」臺灣的寺院很多，建築也蓋得很大，就是沒有人。這是為什麼？因為留不下人來。我們的僧團和其他的道場不大一樣，當法鼓山園區建築建設完成以後，人是愈來愈多。這是什麼原因？因為我們這個團體是在辦教育，大家是來受教育的。不論是在法鼓山僧伽大學、中華佛學研究所、法鼓佛教研修學院，大家都是在讀書，僧團也是在讀書、在成長，不成長就會落伍，落伍就會被淘汰，所以我們是在辦教育，也是在受教育。

法鼓山推動三大教育——大學院教育、大普化教育、大關懷教育，我們這個團體不僅在辦教育，也是在受教育；每一個人都是在教育的崗位上努力。受教育會讓自己成長，辦教育可以教學相長。全山的人，都是大學院教育裡的教職員，也是大學院教育裡的學生；即使是在大寮也是大學院教育的一環，大寮的執事法師、菩薩對於如何配置飲食的經驗豐富，我們要向他們學習，那大寮的法師就是我們的老師，是大學院的教職員，而我們每一個人都是大學院裡的教職員，也是學生。所以在山上就是一個受教育的環境，這是我要向諸位勉勵的。

我從來不為錢的事擔心，但是隨時隨地要為我們團體事業的維持用心；也要請諸位用心、用頭腦。我現在是一個人在用頭腦，未來你們有很多人一起用頭腦，一定沒有問題。十年、二十年以後不知道會如何，但是我們只要用心，不要擔心。「只要用心，不要擔心」，這很重要。

我們這個團體，優秀的人才很多。未來也會有更多的人才進入僧團，或者是從僧團中培養出來，因此法鼓山是一個很有希望的團體。有一位宏印法師寫了一本書，他在書中指出，法鼓山僧團的制度、運作模式，以及聖嚴法師所做的安排，使得法鼓山這個團體不會有問題。現在我們法鼓山的人力不多，應該要發揮自己的長處，以現有的資源，做我們能做的事，不要看到他人的成果就心生羨慕，就跟著學，那一定會上氣不接下氣，結果最後就沒有氣了。我們要站在自己的立場，對於其他的道場在做什麼，我們只要知道他們做的事情。對於我們自己能做的，需要往哪一個方向發展，就必須要審慎考慮清楚，這就是「藍海策略」。人家做什麼我們也跟進，這是「紅海策略」。

競爭的紅海，開創的藍海

法鼓山不大，力量很有限，人力資源、財力資源、社會資源都不是很龐大，因此我們只能選擇藍海策略，人家還沒有做的，但是社會需要，那我們就做；人家已經在做的，我們不要跟！法鼓山不跟人家比出家人數的多寡、比道場數量的多少、比事業的大小，我們站在自己的基礎上，做社會上需要做而還沒有人做的事情。如果人家已經做得轟轟烈烈了，我們還參與其事，那就是陷入「紅海競爭」。因此，我們要常常用心，清楚「今天這個社會需要什麼，而我們的能力能夠提供到什麼程度」，清楚自己的力量，量力而為，當力量不夠時，就要召募力量來成就藍海策略裡的事業。

藍海策略是最省力的。什麼叫作「藍海策略」？沒有人做，但是需要做，當我們投入做的時候，是第一棒，後來的人跟進的時候，他是第二棒，那時候我們在藍海裡，他變成了紅海。如果說我們正在做，可是其他人也跟著做，而他們的力量大，一下子就把我們做的事情全都做完了，那怎麼辦呢？我們絕對不跟他們比賽，如果有人搶去做，那很好！多一個單位來做這樣的事情，很好啊！我們就讓，讓了以後，再開出另外一條路來。我們要隨時隨地思考未來要做什麼，師父開出來的路，已經讓我們的團體做不完了。

我們的「四種環保」——心靈環保、生活環保、禮儀環保、自然環保，是永遠永遠做不完的，四種環保的內容是隨時隨地適應現代的世界。心靈環保就是我們的佛法，不可能有一個道場把所有佛法的工作統統做完。世界這麼大、人口這麼多，根據環保的理念來把佛法推廣到全世界去，讓大家都能夠用佛法來調心，這是永遠做不完的，一直到地球毀滅為止，這四種環保永遠需要。另外，「心五四」運動也是永遠做不完的，二〇〇六年我們提出關懷生命——

「你可以不要自殺」，也是一項永遠做不完的工作，我們可以獨力推動，也可以結合社會上有共同性質的團體來推廣。還有，我們從二〇〇七年開始倡導「心六倫」運動，這個工作也是永遠做不完的。家庭的倫理問題非常重要的，而家庭倫理很難做好，因為上一代做好了，還要幫忙建立下一代的家庭倫理。同樣地，生活倫理、校園倫理、職場倫理、族群倫理、自然倫理都是做不完的工作，這是我們開創出來的，其他團體也在提倡推廣倫理教育，這是沒有問題的，他們在他們的範圍推廣，而我們在我們的範圍裡推廣，這是永遠做不完的。例如校園倫理，現在有很多學校，以及各地教育局，甚至於教育部，都願意協助推廣校園倫理，這個工作做得完嗎？做不完的，這一班的學生畢業了，還有新生加入，校園倫理是持續永遠做不完的。

「心靈環保」、「心五四」、「心六倫」是法鼓山的藍海事業

所以，我們法鼓山已經開創出來的事業都是藍海，裡面沒有紅海的惡性

競爭，也永遠做不完，而且我們的品牌做出來以後，沒有人會搶。例如「心靈環保」，大家都知道「心靈環保」是法鼓山首倡的，一提到法鼓山，大家都會聯想到「心靈環保」。全臺灣所有的人都知道，我們提倡的「心靈環保」，是世間唯此一家，沒有其他分號。當然其他團體也可以宣揚心靈環保，但大家都知道他們只是第二、第三、第四；而做的時候，我們做得比他們好，因為我們在技術上、在觀念上以及資源上都比任何一個團體都強。「心靈環保」是法鼓山的品牌。其實「心靈環保」、「心五四」運動、「心六倫」就是佛法，但是這些工作在推動的時候，一定要配合現代社會，因應時地。例如在伊斯蘭教地區，我們就是講心靈環保、講心六倫。我們不說要念佛、看經、拜佛，不提皈依三寶，講了人家會嚇跑，但是我們講「心靈環保」、講「心六倫」、講心理的衛生、心理的健康，他們不會起反感，而且會很歡迎。等到他們了解以後，會實踐在生活上，而實踐到很深的程度，就知道原來這就是佛法，他們自己會抉擇佛法是不是比他們的宗教要好一些？這樣子，我們就可以把人間淨土在這個世界上建立起來。這時候，我們處處是藍海，沒有一個地方是紅海。其他的團體用紅海策略來對付我們，我們馬上從這一塊撤退，但是我們還是做藍海；如此一來，他們慢慢地也會接受我們、學習我們。

其他人願意學習我們很好啊！例如梁皇寶懺法會以及水陸法會，我們用現代環保的觀念改善不合時宜的部分，當我們改善了以後，其他道場雖然不會馬上全部跟進，但是會跟我們學習。最近中國大陸來了四位法師，都是中國佛教協會的高級幹部，看到法鼓山傳播佛法的方法以及文宣，包括大悲心水陸法會，都很感動，認為中國大陸應該要學習法鼓山的模式。至於臺灣的其他道場，也許他們暫時不會跟著學習，但是時間一久，以環保的觀點來看，傳統的水陸法會是不符合環保的，我們站在環保的立場來辦水陸法會，這個是一項新的創舉，其他人沒有做的，我們做，這就是藍海。

法鼓山的方向與目標

法鼓山的方向、目標、方法，師父已經都有很明確的安排，除了進入我們僧團，接受我們僧團教育的少數人外，一般的信眾、訪客到法鼓山園區來，他們要學習什麼？有關信眾、遊客參訪的學習課程，我寫了三篇文章，可以援用。接引信眾、訪客，無論信不信佛，都可以請他們在園區上課，讓他們得到佛法的利益，也把這份利益帶回家去。這樣的話，來到園區的大眾，都是來受教育的，這是我的理想，也是我們的資產。參訪的人來到法鼓山，就是跟一般的觀光景點不一樣，這樣子，我們法鼓山就是立於教導的不敗之地。否則，民眾來園區吃一餐飯，看一看景色，覺得這個地方的景色很好、地勢很好、建築物很漂亮，這不是我們的目標，我們的目標是要接引大眾接受佛法、護持佛法。參訪半天，有半天的課程，可能因此就得到了佛法的利益，進而護持我們的道場。

面對未來，請諸位不要悲觀，很多人只從悲觀面去思考，而不想辦法走出藍海的大道來。法鼓山這個道場，人才從「果」字輩的法師發展到「常」字輩法師，「果」字輩法師人數雖然很少，但是優秀人才不少，到了「常」字輩的時候，人數更多。一個道場需要培養人才、運用人才，還要吸收人才，發掘人才。培養人才的時候，要從兩個方向去培養，一個是從職務上去培養，給他承擔與歷練，本來只能負擔五十公斤，給他六十公斤、七十公斤，培養他從能夠擔當五十公斤，成長到可以負擔六十公斤、七十公斤。不要看他只能擔當五十公斤，就給他少一些，這樣會糟蹋人才。害病的人要說：「我沒有病。」老是覺得自己有病，那就是心理有病。生理有病沒有什麼大礙，心理有病，心態就是消極的，老是從負面看，認為自己有病，認為這個團體沒希望，對自己是朝負面去發展，對團體是從負面去解讀。如果能從正面來處理自己，從正面來思考這個團體，如何為團體做奉獻，如何為團體擔當責任，那麼即使身體害病，也是沒什麼大礙的。

我在這兩年來害了嚴重的病，但是我說：「沒有事，我的願力還沒有完成，我還要把我們這個團體建立起來，教育事業完成起來。」我在的時候，方丈總覺得還有個靠山；我死了以後，方丈就有自己的辦法了。如果不懂就要去請教，請教老住眾，以前是怎麼處理的；也可以請教居士、顧問。

在既有基礎上向前開創

今天我講的這一些，是不是法鼓山的文化財？是。是智慧財、是文化財，這一些財產請大家能夠珍惜、能夠記住；用的時候，就能得心應手了。我們這個團體，已經有了基礎，未來可以從這個基礎上再往前開創，走出一個時代的道路來。外派分院的法師，可能會面臨著一些狀況、問題，那就可以用師父的智慧財，如果還是無法解決，那怎麼辦？「念觀音菩薩！」師父為我們這個團體，留下了很多的文化資產，就是智慧財。這個文化資產，能讓我們團體立於不敗之地。如果說自作聰明，不善用師父的文化財，而用自己的笨頭腦來運作，結果把這個團體弄得四分五裂、沒有生氣。這是為什麼呢？原因是個人要求表現啊！不相信師父的智慧，不相信師父的智慧財產。當你自己來的時候，你的智慧可能不及師父啊！

法鼓山這個團體未來要怎麼運作、怎麼維持，我都已經做了安排，所以我不會擔心我的弟子們可能沒飯吃，佛法可能沒有人傳下去了。建築物不稀奇，師父的智慧、師父做的種種安排，那才是珍貴的。這樣一來，我們這個團體，不會有負面的思考，當有負面聲音出現的時候，馬上就會有答案：「師父的智慧已經替我們安排好了。我們不必擔心，但是要用心。」

只要是在僧團裡就有希望，我們每一個人都有希望、都是大才，如果自己放棄權利，離開僧團，那就沒有辦法了。在僧團裡，我們會一天一天成長，大家不要擔心，但是要用心。許多人都是在擔心而不用心，對未來往負面解讀，而不朝向正面思考，一味往紅海裡頭鑽，而不轉向藍海努力求生存，這是失敗主義者。我希望我們的常住眾沒有一個人是失敗主義者，沒有一個人是從負面看問題，而都是從正面思考的。

阿彌陀佛！

（二〇〇八年一月三十一日講於法鼓山園區開山紀念館僧團辭歲禮祖，原收錄於《二〇〇八法鼓山年鑑》）

回顧過去，展望未來

法鼓山水陸法會的時代性意義

今年（二〇〇八）我們規畫要做的工作大部分都已經完成，接下來規模最大的就是水陸法會了，其他還有一些例行工作，像是新年的活動及法華鐘的撞鐘儀式，這些都是我們每年必定舉辦的盛大活動。

我們去年（二〇〇七）第一次舉辦水陸法會，與一般寺廟道場所做的佛事很不一樣。在舉辦法會之前，就先由法鼓佛教學院召開學術會議來研討水陸的相關問題，然後對水陸的儀軌做了一些修正、改良和改善。水陸儀軌的發展，從宋朝四明知禮大師開始，經過明朝的蓮池大師，再經過民國的印光大師之後，就沒有再改變，這已經有很長的時間了。社會、時代改變了，思想也改變了，但是水陸法會的內容卻沒有改變，也就是說，其中還保留了不少君主時代的社會架構，以及與道教、儒家思想混合的部分，在這個時代，我們應該要修正一下。

我們今年還是要辦學術會議，在法鼓山還會舉行水陸法會文化的展覽，讓大家了解水陸法會的歷史、文獻，以及我們現在為什麼要改變它的原因。希望這個改變不僅是法鼓山的，而且是時代性的，代表在這個時代，漢傳佛教一項最盛大的佛事做了時代性的修正，這是一件具有重要意義的事情。今年我們推出的水陸法會，就是我們未來法會的藍本，也希望能成為漢傳佛教水陸法會的藍本。

持續推動「五四七五大願興學」專案

那麼明年（二〇〇九）究竟是怎樣的年度呢？去年為了募款籌建法鼓大學，我們曾經推出「五四七五大願興學」的募款專案，本來是希望能夠在三年之內，募集一百萬人來參加，可是到本月（十月）為止，好像離目標還有一段距離，所以這個案子明年還要繼續推動下去，希望再推廣兩、三年就能圓滿，使法鼓大學順利建成。如果不推動而沒有辦法滿願，我們法鼓大學能建得起來嗎？還是建得起來，可是會很辛苦。「五四七五大願興學」是發大願而收小錢，應該比較容易，因此只要大家願意用心，當然可以滿願。

此外，我們去年也舉辦了諸多活動，譬如榮譽董事會的感恩會，還有我的書法展覽、義賣，對法鼓大學經費的籌募不無小補。

意義非凡的二〇〇九年

另外，明年對法鼓山來講，是一個非常重要的階段、一個歷史的過程。首先，明年是法鼓山成立二十週年。而我們不是才剛剛落成，怎麼馬上就二十年了呢？這是從買地、整地、動土開始算起的。

再來，《人生》雜誌是我的師父東初老人在臺灣所創辦，到明年也已經是六十年了。其間雖然幾經停刊、復刊，但是一本佛教雜誌能夠延續六十年還持續發行，實在是非常值得紀念的事。此外，雜誌內容記錄了這一段時間臺灣佛教的發展，相當有價值。

《人生》雜誌創辦之初，東初老人還沒有道場，於是他借靠近現在中華佛教文化館沒有多遠的北投法藏寺，做為出版的發行部。出版這份刊物的用意，主要是希望能夠為臺灣的佛教文化，以及佛教人才的培養做些努力，因此這份刊物，對於臺灣佛教的成長，具有相當大的意義、相當大的貢獻。

譬如過去整個臺灣找不到一部大藏經，《人生》雜誌出刊之後，東初老人接著便開始推動影印《大正藏》，因此臺灣才第一次有了大藏經。當時在全省，一共發行了五百多部。其實五百多部不算多，可是以臺灣當時寺院的狀況來說，能夠請得起《大正藏》的很少。它一共一百冊，每一冊都很厚，因此請一部《大正藏》要花很多錢。那時候是靠許多老法師、中青代法師，一次一次地到臺灣各地宣傳推銷，才把《大正藏》印起來的，真不簡單。《大正藏》印完了以後，臺灣佛教算是比較有文化了，否則在此之前，臺灣的佛經、佛書非常少，若希望找到一部《維摩經》、《法華經》，或是《楞嚴經》，很難！

雖然這部《大正藏》印起來以後，看的人很少，但這是法寶，也是一種莊嚴。或許你們看過，鄉下有一些寺廟，在佛龕的兩側各放了一個櫃子或架子，裡面裝的就是《大正藏》，只是這《大正藏》不是給人閱讀的，而是莊嚴道場。

寺院裡應該有三寶來住持：佛，當然是以佛像來代表；法，若是沒有弘法活動，就以藏經來代表；那僧呢？即是出家人。我想有好多人最初到寺院裡是看不到三寶的，最多看到一寶，就是佛殿上的佛像，有了《大正藏》之後，就有法寶了。至於僧寶，那時的寺院很少有出家人，多數是菜姑，就是在廟裡面吃素修行的齋姑，真正出家的比丘尼很少，比丘更少。

當時臺灣佛教有兩種型態，一種是日本化的，而日本的佛教已是世俗化了的，變成了在家人世襲地住在寺院裡，也就是父親是住持，將來兒子之中也要有一個人來當住持，結果變成不像在家，也不像出家；另外一種型態是上述的齋教，那是臺灣本地的宗教；齋教和日本式的佛教加起來，就是早期臺灣佛教的現象。

東初老人有心把臺灣的佛教，轉化成為正信的、三寶具足的佛教。因此，創辦《人生》雜誌後，便在雜誌上鼓吹人生的佛教、人間的佛教，提倡佛教要人間化，要有三寶來住持，才漸漸把日本式和齋教化的佛教，轉型為正信的、三寶俱全的佛教。現在像雲來寺有出家人，有說法也有講經，有流通、弘揚佛法的經典，也有佛像，三寶具足。

時間一晃，明年《人生》雜誌就滿六十歲了。這段時間不算短，要有恆心，否則辦幾期雜誌以後就沒有了。我從大陸到臺灣，到現在也有五十多年，快要六十年的時間了。現在我們編《人生》雜誌的編輯們還不到六十歲，而我自己也是從編《人生》雜誌開始的。臺灣的佛教雜誌，創辦六十年不間斷，或者是六十年以後還存在的，實在不多，而存在又還有影響力的，那更是少見了，《人生》雜誌可算是其中之一。

另外，明年也是我們法鼓山護法會三十週年，雖然法鼓山落成二十年，但是我們這個團體是從中華佛學研究所的創辦而開始的。因為有了研究所，需要有人護持、需要有人來經營，因此才成立了護法理事會及護法委員會。

中華佛學研究所的前身是中華學術院佛學研究所，位於陽明山中國文化學院內，是屬於文化學院的一部分，但真正經營的是誰呢？是由我們接辦的。我接研究所所長時，前面已有兩任所長，一位是張曼濤先生，另一位則是周邦道先生。他們雖然已經開辦研究所，但是還沒有招生，我接辦之後，因為中國文化學院創辦人張其昀先生希望我招生，所以才開始招生。但是招生之後，麻煩事就接著來了，學生要老師、老師要經費，學生還要吃飯，這些事情全部都要經費，怎麼辦？我不做生意、不種田、不做工，錢從哪裡來？因此我們就成立了護法會。當時每一個護法理事一年要出一萬元，那是筆不小的錢。那時我們自己的人數很少，於是請臺北市華嚴蓮社的成一法師幫忙，他有幾十位信徒，結果他幾十位信徒全部變成我們理事會的理事。此外，還有護法委員，護法委員則是一年兩千元。我們就是這樣開始的。

所以明年，也是中華佛學研究所的三十週年。然而，明年它就要轉型了，等最後一期學生畢業，學務全部轉移到法鼓佛教學院，也可以說是改名為「法鼓佛教學院」。為什麼改名稱呢？因為教育部不承認中華佛學研究所的學籍、也不承認老師的資格，這在過去三十年中，對我們來說是一樁非常痛苦的事。因此我們經常向教育部申請、要求、打交道，這很不簡單，需要一些耐力，否則是辦不到的。經過三十年不斷地周旋、奮鬥，一直到去年教育部才承認我們學生的學歷、師資的資格。這樣一來，我們的學院就是比照一般大學學院，譬如文學院，或者是藝術學院等，但我們是獨立的宗教學院、獨立的佛教學院。

法鼓佛教學院就這樣成立了。成立以後我們所有的師生編制就全部改變，進入法鼓佛教學院，而中華佛學研究所則功成身退。

另外，還值得紀念的是禪坐會成立三十年。我自己教禪修、主持禪七，到現在已經超過三十年。時間過得很快，當時大家才剛剛開始學打坐，現在已經三十年了，這是想不到的事情。最初我們只有一個禪訓班、幾個蒲團，而現在我們有正式的禪堂，在全世界有幾十個分支道場，都舉行禪坐共修，連我們在美國的東初禪寺也已三十年了，所以這是明年要慶祝的一樁事。

以精進努力代替祝壽

昨天我俗家二哥的外孫打電話來，他說我俗家的二哥問起：「聖嚴法師明年應該是八十歲了，不知道明年做不做壽？」其實我每逢「十」，不管五十歲、六十歲、七十歲，都有人問：「師父做不做壽？我們熱鬧一下，讓我們吃一碗麵！」我說：「吃麵哪個地方不能吃？外面小麵攤上就有麵吃，想吃就買幾碗回來，不就是吃麵了嗎？而且我師父一生不做壽，所以我是不敢做壽的。」

記得我師父七十歲的時候，壽辰當天就到外面旅行去了，這叫作「避壽」。寺裡面幾個人偷偷地煮幾碗麵吃，師父回來以後，就罵他們：「你們吃什麼麵？吃的是誰的麵？是吃了常住的麵還是你們自己的麵？如果是吃常住的麵，你們要把錢還出來；若是吃自己的麵，那沒有事，只是吃自己的麵。」

還有一年我們到中國大陸，主要是把阿閦佛的頭像送回山東神通寺四門塔。有菩薩聽說我壽辰快到了，於是張羅了好多人一起去買麵、買蛋糕、買蠟燭，買了好多東西回來，準備要替我做壽。我一聽到之後，馬上把他們幾個人找出來罵一頓：「現在都用電燈了，蠟燭根本用不到；而我們每天都在飯店用餐，買麵做什麼？至於蛋糕，我們出家人不吃蛋，怎麼能吃蛋糕？」後來這些東西都沒有用到。他們本來想高興一下的，結果變得自討沒趣。

所以，我向我的信眾和出家弟子說明，我明年是八十歲沒有錯，但是整年都是八十歲——我每天過生日，天天過生日，難不成你們要吃麵吃整年，吃蛋糕吃整年嗎？這是借題發揮。事實上我當然有生日，但形式上的生日是沒有的，不需要做紀念，也沒有必要做紀念。如果大家一定要紀念，不如把工作做好一些、做快一些，使法鼓大學的工程快一些完成，早一些招生，然後招生之後，將學校辦得更好一些，這樣我很感恩大家，對我也就有意義了。否則光吃一碗麵，有什麼意思呢？

將法鼓山理念推向未來

我們是正信的佛教團體，但是每次辦活動又常常創新，其實明明是在弘法，但是又不稱為「弘法」，而用另外的名詞，譬如「心靈環保」、「四種環保」，這些雖然不是佛學名詞，但它確實是佛教的內容。

還有「心五四運動」，我曾經編了一本《心五四的實踐手冊》來說明它的具體內容。當時護法總會總會長陳嘉男還很用心，每天照著去記錄、照著去實踐，讓我很感動。因為團體中很少人有耐心，每天照著表格一天一天地記錄。雖然現在它已經變成了一項文獻，可是它的內容還是需要我們去實踐。我們不一定每天記錄，但是每天看一看，可以反省自己究竟實踐了多少項目。這是需要付出耐心的。

另外，去年我們正式推出「心六倫」，這個心是良心的「心」，它與倫理有關係，可是並不是中國五倫的內容，而是世界性的、現代性的，以及未來性的六種倫理運動。現在我們已經將這六種倫理很詳細地編成了六本小冊子，並且廣泛地推動。國內許多政府團體，包括內政部、教育部、勞委會等許多單位，都在幫忙推動，現在教育部高教司、國教司也都主動跟我們接洽，希望來推動校園倫理。

「心六倫」包括家庭倫理、生活倫理、校園倫理、自然倫理、職場倫理、族群倫理。這些倫理都是我們現在這個社會欠缺的，尤其是族群倫理。本來臺灣沒有族群問題的，但這麼多年來，少數的政治人物為了選票，拚命製造族群的分裂，才產生了族群問題。所以臺灣的人本來都是和平相處的，特別是佛教徒，譬如法鼓山就沒有族群問題。

有一次有人問我：「師父，您是哪裡人？」我說：「我是大陸人，可是我在臺灣已經五十多年了。」我反問他：「你在臺灣多少年？」他答：「我現在只有三十多歲。」我說：「那我比你更有資格說我是臺灣人。」又有人問：「方丈和尚是哪裡人？」方丈和尚說：「我是基隆人。」對方聽了很驚訝地說：「怎麼法鼓山的方丈是臺灣人？」其實法鼓山在臺灣，法鼓山的方丈是臺灣人有什麼稀奇呢？我雖然不是生在臺灣，但是我已經在臺灣五十多年了，可以說我這臺灣人的資格比我們的方丈還要深。所以我們法鼓山並沒有族群問題。

之所以有族群問題，是你把別人當成外人了，即使他本來就是你的家人，但如果你把他當成外人，那他就變成了外人；反過來說，即使是不認識的人，但如果你把他當成家人，那他也就是你的家人。譬如家裡養的貓或狗，都是從外面抱回來的，養一養之後就變成家裡的狗、家裡的貓，而不是野貓、野狗了。所以，本來就沒有族群的問題，只有人心的問題。

法鼓山現在有幾十萬人，幾十萬人都是我們法鼓山的家人。但是要注意，應該避免使用「法鼓人」這樣的名稱，雖然它聽起來好像滿親切的，有一種自己人的感覺，但是容易讓其他團體的人，或是其他沒有大團體所屬的人聽起來不舒服，覺得「你們在成群結黨」。因此，我要求大家不要再用這樣的稱呼，否則等於把人排除在外，別人心裡就不會舒服，可能本來還想參與我們的團體，可是一看原來是「你們法鼓人」，就不進來了。這是我今年最後一個交代。

阿彌陀佛！

（二〇〇八年十月七日於北投雲來寺專職菩薩精神講話，原收錄於《二〇〇八法鼓山年鑑》）

法鼓山的法統，是理念的堅持

法鼓山的建設與發展，所有參與的人，只有奉獻，沒有權力。

法鼓山這個團體已經創建二十年，這二十年來，一點一點從無到有，大家付出的心血和時間都相當多，到最後還是要把它呈現出來——法鼓山的理念、法鼓山的功能，和法鼓山延續的價值。

法鼓山如何繼續推動下去？法鼓山的法統，不是權力，而是理念的堅持。外界常有人問：「法鼓山究竟由誰領導？」我說沒有誰來領導的問題，而是由法鼓山的理念領導；如果大家放棄了理念的領導，這個領導是空的。

有人認為，聖嚴往生以後，法鼓山可任由大家來瓜分。這是笑話！法鼓山怎麼瓜分？法鼓山傳法是傳給誰？我傳的法是一種理念，不是權術、財產；這個理念是為了護持法脈，往下傳承。

按現在的法脈往下走，在執行來講，僧團有僧團的作法，護法系統有護法系統的作法，兩者都有明確作法。護法體系就是護持僧團來弘揚法鼓山的理念，所有參與的人，只有奉獻，沒有權力。

法鼓山的理念是永遠存在的，而法鼓山的事業可大可小。我們現在的軟硬體規模都不算小，分支道場有十多處，僧眾也有兩百多人，未來還會繼續增加；在漢傳佛教的道場來說，法鼓山是很有優勢的，請大家珍惜法鼓山這樣一個漢傳佛教傳承的發源地。

（二〇〇九年一月十五日講於臺大醫院病房，原收錄於《二〇〇九法鼓山年鑑》）

國家圖書館出版品預行編目資料

法鼓山的方向：理念 / 聖嚴法師著 . --
初版 . -- 臺北市：法鼓文化，2018.12
面； 公分
ISBN 978-957-598-800-5（平裝）

1. 佛教教化法

225.4 107019808

人間淨土 39

法鼓山的方向：理念

The Direction of Dharma Drum Mountain: Vision

著者 聖嚴法師
出版 法鼓文化

總審訂 釋果毅
總監 釋果賢
總編輯 陳重光
編輯 林文理、詹忠謀、李書儀
內頁美編 陳珮瑄
地址 臺北市北投區公館路 186 號 5 樓
電話 (02)2893-4646
傳真 (02)2896-0731
網址 http://www.ddc.com.tw
E-mail market@ddc.com.tw
讀者服務專線 (02)2896-1600
初版一刷 2018 年 12 月
初版四刷 2019 年 10 月
建議售價 新臺幣 160 元
郵撥帳號 50013371
戶名 財團法人法鼓山文教基金會 — 法鼓文化
北美經銷處 紐約東初禪寺
Chan Meditation Center (New York, USA)
Tel: (718) 592-6593 Fax: (718) 592-0717

法鼓文化